はじめに

　2001年8月,「生徒指導担当教師のための」を冠して,『教育相談　基礎の基礎』を上梓させていただきました。生徒指導の第一線で悪戦苦闘する教師を厳罰・管理至上主義者として糾弾する風潮に対する抗議書・反論書の意味合いがありました。

　そのような誤解と偏見に満ちた非難の声を浴びながら,切歯扼腕する生徒指導担当者に,「生徒指導の基本姿勢は教育相談と同じじゃないですか。信念と自信をもってがんばりましょう」とのエールを送ることが目的であったような気がします。

　少しは好々爺に近づけたのでしょうか。本書のトーンはぐーんと下がりました。「同じ目標・機能をもつ教育相談と生徒指導。仲良くやりましょうね」。そんな気持ちでパソコンと向き合うことができました。19年の歳月を経て,教育相談をめぐる状況にも変化がありましたし。

　前著でもメインに掲げた開発的機能の重要性は広く認められています。司法面接や発達障害のある子との面接では,「受容・共感」への慎重な配慮が指摘されるようになりました。「聴く心」の大切さは揺らぎませんが,「訊く技」の修得が必要となりました。

　ガイダンスカウンセラーの誕生や公認心理師の国家資格化など,学校教育相談を取り巻く状況の変化も見逃がせません。

　こうした中,学校教育相談の意義を再認識し,基本的事項を確認する必要に迫られました。本書は,『教育相談　基礎の基礎』をベースに「学校教育相談」の基礎・基本をまとめたものです。

　中核となる考え方は微動だにしていません。「子どもの最善の利益」を守り,自己実現に向けた生きる力を育む「学校教育相談」。そのためには,「子どもの立場に立って心理的事実を受容・共感し,大人の立場に戻って客観的事実を支援・指導する」姿勢を貫く必要があります。

平成31年3月　嶋﨑　政男

新訂版
教育相談 基礎の基礎 もくじ

はじめに …………………………………………………………… 3

第1章　学校教育相談の基礎知識 ………………………… 8

1．「狭義」と「広義」（定義）……………………………… 8
2．学校教育相談の歴史 ……………………………………… 10
3．「これまで」と「これから」（課題）…………………… 16
4．「防止」「発見」「対応」「再発防止」（機能）………… 19
5．「みんな」で「いろいろなこと」を（内容）………… 21

第2章　教育相談の基本姿勢 ……………………………… 25

1．心理的事実の受容・共感と
　　客観的事実の支援・指導 ………………………………… 25
2．教育相談の「心」と「技」……………………………… 27
3．教育相談の「心」（考え方・姿勢）…………………… 29
4．教育相談の「技」（スキル）…………………………… 33
5．児童生徒理解1 ―― 姿勢と方法 ……………………… 42
6．児童生徒理解2 ―― 一般的理解 ……………………… 46
7．児童生徒理解3 ―― 発達段階の理解 ………………… 49
8．児童生徒理解4 ――「みる」ことによる理解 ……… 52
9．児童生徒理解5 ――「きく」ことによる理解 ……… 54
10．児童生徒理解6 ――「探る」ことによる理解 ……… 59

第3章　学校教育相談の組織的展開 ………………………… 64

　1．管理職が率先する学校教育相談 ……………………………… 64
　2．担任が行う学校教育相談 ……………………………………… 66
　3．教育相談係の役割 ……………………………………………… 68
　4．校内教育相談体制の構築 ……………………………………… 70
　5．授業に活かす教育相談の「心」と「技」 …………………… 72
　6．スクールカウンセラー等との連携 …………………………… 76
　7．専門機関との連携 ……………………………………………… 80
　8．学校教育相談の学校評価 ……………………………………… 85
　9．学校教育相談と法知識 ………………………………………… 88
　10．学校教育相談の研修 …………………………………………… 90

第4章　様々な技法を活かす開発的教育相談 ……………… 94

　1．自己理解を深める ……………………………………………… 94
　2．人間関係を深める ……………………………………………… 99
　3．自尊感情を育てる ……………………………………………… 103
　4．課題解決を助ける ……………………………………………… 107
　5．共感能力を高める ……………………………………………… 111
　6．表現力を育む …………………………………………………… 116
　7．自己調整力を培う ……………………………………………… 120
　8．相互支援を進める ……………………………………………… 124
　9．集団構造をつかむ ……………………………………………… 128
　10．集団成長を促す ………………………………………………… 132

第5章　問題解決的教育相談の実際 ……………………… 137

1．発達障害のある児童生徒への対応 ……………………… 137
2．非行問題への対応 ……………………………………… 141
3．いじめ問題への対応 …………………………………… 142
4．不登校児童生徒への支援 ……………………………… 147
5．性非行・性問題への対応 ……………………………… 153
6．喫煙・飲酒・薬物乱用への対応 ……………………… 155
7．被災・被害等で
　　心のケアが必要な子への支援 ………………………… 157
8．教師に反抗的な児童生徒への対応 …………………… 159
9．困難を有する子ども・若者への支援 ………………… 162
10．保護者クレーム問題への対応 ………………………… 164

第6章　これからの学校教育相談 ……………………… 166

1．開発的・包括的支援体制構築へ ……………………… 166
2．ガイダンスカウンセラーへの期待 …………………… 168
3．さらなる学校教育相談の充実に向けて ……………… 170

おわりに ………………………………………………………… 173

新訂版
教育相談 基礎の基礎
第1章

学校教育相談の基礎知識

1 「狭義」と「広義」（定義）

　学校教育相談の定義は，「学校で行われる教育相談」ということになります。

　「教育相談の定義は」となると，立場や考え方の違いによって，そのニュアンスは微妙に異なります。実際，相談室という「保護された空間」の中で行われるカウンセリング（1対1の言語を介した心理療法）と捉える人もいれば，学級づくりや人間関係構築のための様々な手法までを抱合して考える人もいます。

　さらには，専門機関との仲介役（コーディネーター）や同僚からの相談に応じる役割（スーパーバイザー）を担うことや，教育相談担当者として教育相談週間の計画・実施に当たることまでをも，「教育相談の仕事が忙しくて」などと嘆く人を散見します。

　この結果，今なお，教育相談の理論や実践をめぐる議論に混乱が見られます。専門機関で行うカウンセリングの訳語が教育相談であると解する人にとって，「教育相談と生徒指導の機能はほぼ重なる」という考え方は青天の霹靂でしょうし，反対に，「教育相談を活かした学級経営」を標榜する人にとっては，あまりに技法に偏った教育相談の研修会は「場違い」

第1章　学校教育相談の基礎知識

の感覚をもつことでしょう。

　学校に取り入れられた教育相談は，専門機関のカウンセリングの影響を色濃く受けたもので，「個人のもつ悩みや困難の解決を援助する」面が重視され，「個別指導の一つ」と位置付けられていました[1]。この流れは，『生徒指導提要』[2]にも踏襲され，同書には「教育相談は主に個に焦点を当て，面接や演習を通して個の変容を図ろうとする」と記されています。一方，『中学校学習指導要領解説（特別活動編）』では，「相談活動に限定することなく」，「教育相談的配慮」を求めていますから，教育相談を広義に捉えています。

　本書では，教育相談を狭義（1対1の相談・助言・支援）及び広義（自己実現への援助）とに分けて論じていきたいと思います。

　これをまとめると以下のようになります。

　「学校」教育相談ですから，専門機関で行う「治療」を目的としたカウンセリング」は省きます。教師に求められているのは，あくまでも教育的意義を有する「支援」です。発達障害を例にとると，「障害」の「治療」は専門家がすることで，教師がすべきことは，障害の特性に悩む児童生徒への「支援」です。

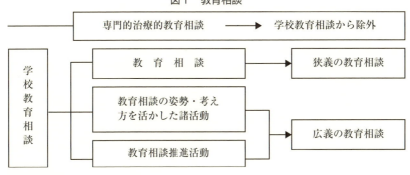

図1　教育相談

参考文献
1) 文部省『生徒指導の手引き』1965年
2) 文部科学省『生徒指導提要』2010年

2 学校教育相談の歴史

● 「歩みおそし」教育相談

「(略) 生徒の健全な成長を意図して, 近年とくに重要な役割を占めてきているものに教育相談があるが, これを学校教育における生徒指導のための領域の中でどう位置付け運営していくかについては, 現在のところ十分検討し実施されているとはいえない。」

この文章は昭和38年に書かれたものです。出典は「東京都研究協力校報告書」(昭和37年度) の「はしがき」です。最新の教育雑誌に載っていても違和感がありません。教育相談定着への遅々たる歩みを示すものとして, しばしば引用される文章です。学校教育相談の歴史を振り返ると, この原因の一端を読み取ることができます。「教育相談とは？」に端を発した考え方の違い, 研修内容の拡大, 専門機関との役割分担・連携等, 長い教育相談の歴史を振り返ることは, 「これから」の教育相談の在り方に大きな示唆を与えます。

表1

昭和20	戦災孤児等保護対策
昭和21	米教育使節団来日 児童相談所が性向相談開始
昭和22	児童福祉法施行 文:「指導要領試案」発行
昭和23	ガイダンス研究 文:「児童懲戒権の限界について」
昭和24	「生徒指導」の用語使用 未就学児130万人
昭和25	高校進学率43% 孤児の不良化調査
昭和26	少年非行一次ピーク 各地に教育相談室設立
昭和27	社教審:不良化審議 PTA全国協議会発足
昭和28	文:特殊教育の対象 文:職業指導主事
昭和29	学校給食法成立 集団主義生活指導活発化
昭和30	社教審:純潔教育 生活綴り方生活指導拡大
昭和31	文:ガイダンス講習開始 警視庁:愚連隊取締
昭和32	文:「暴力事件の根絶」 少年法改正論議
昭和33	学習指導要領告示 学校保健法公布 「学校嫌い」使用
昭和34	「全生研」創設 風営取締法施行 進学・就職対立事件

多くの学校教育関係者の真摯な努力を無駄にしないために,「歴史に学ぶ」ことは大事なことと思います。

● 導入期（昭和20年代）

昭和20年代，アメリカから紹介されたガイダンス理論は，生徒指導の基礎理論として注目されました。昭和31年，文部省は「ガイダンス的生活指導」を充実させるため，全国3地区で生活指導協議会を開催しています。

児童生徒が自己理解を深め，自己指導力を高めることによって，豊かな自己実現を図ることができるよう援助するというガイダンスの考え方は，生徒指導のねらいと合致するものでした。

そのガイダンス理論の中心的手法がカウンセリングでしたから，生徒指導とカウンセリングは，別々にスタートラインに着いたというより，互いに手を携えて戦後日本の「生徒指導・教育相談」として号砲を耳にしたのです。

● 模倣期（昭和30年代）

この頃，児童相談所が徐々に充実し，性向相談の一環として教育

昭和35	ナイフ使用事件多発 少年警察活動要綱制定
昭和36	東京で公相連創設 「恐るべき17歳」
昭和37	愚連隊の事件多発 シンナー事件
昭和38	文：生徒指導講座開始 中流層の非行問題化
昭和39	少年非行第二ピーク 文：生徒指導担当主事配置
昭和40	文：『生徒指導の手引き』 高校進学率70％超
昭和41	「学校嫌い」調査始 全学相研究会発足
昭和42	日本相談学会創設 フーテン族問題
昭和43	全国で大学紛争激化 登校拒否の相談激増
昭和44	8学会，心理技術資格 高校紛争激化
昭和45	非行の低年齢化進行 文：中のC養成講座
昭和46	「遊び型非行」使用 いのちの電話創設 『月刊生徒指導』創刊
昭和47	全教連『教育相談ハンドブック』発刊
昭和48	高校進学率90％超 ヤングテレフォン
昭和49	教育人材確保法成立 全教連「担任の教相」
昭和50	生徒指導主事制度化 都教委カウンセリング研修開始
昭和51	暴走族対策強化 文：業者テスト自粛
昭和52	「ゆとり教育」始 家庭内暴力深刻化
昭和53	いじめ仕返し事件 警視庁：自殺防止

相談が実施されるようになるとともに，教育委員会や教育センターに公立の教育相談所が設置されるようになりました。

　学校に導入された教育相談は，このような専門機関の影響を色濃く受けたもので，カウンセリングの専門的技能を身に付けた一部の教師が，「問題をもつ子」を対象に，心理テストや個人面接を行っていました。

　面接の手法は昭和26年に紹介されたロジャーズの非指示的（来談者中心）療法でした。今なお教育相談を語る際には，当初取り入れられた「傾聴技法」が中心になっています。この時期は，教育相談に関心をもった一部の教師が，専門機関で学んだことをそのまま学校で実践した「模倣期」と捉えることができます。

● 反省から拡散期へ
　（昭和30年後半～）

　昭和30年代の後半になると，臨床心理学やカウンセリング理論をそのまま取り入れた教育相談に対する反省の声が挙がってくるようになります。そして，この「声」

昭和54	「いじめ自殺」多発 文：自殺防止対策
昭和55	中学校内暴力増加 総：家庭内暴力調査
昭和56	230の中学に警察官 「普通の子」の事件
昭和57	中学校内暴力激増 「初発型非行」使用
昭和58	少年非行第三ピーク 小の「学級崩壊」報道
昭和59	国会で少女雑誌論議 登校拒否3万人超
昭和60	「いじめ自殺」 文：いじめの通知 高校で体罰死発生
昭和61	臨教審：いじめ対応 「葬式ごっこ」事件
昭和62	『月刊学校教育相談』創刊
昭和63	教免法改正・日本臨床心理士資格認定
平成1	新学力観 児童の権利条約採択 児相：虐待調査始
平成2	日本学校教育相談学会設立
平成3	文：校則見直し調査 出席停止の扱い
平成4	文：登校拒否問題 文：いじめ問題
平成5	文：高校中途退学 「災害時ケア」始
平成6	愛知「いじめ自殺」 文：いじめ問題通知
平成7	「SC活用調査」始 「心のケア」問題
平成8	中教審：ゆとり提唱 自殺予告テロ問題
平成9	日本教育心理学会「学校心理士」認定始

こそが，教育相談の学校への定着を阻んだ大きな元凶を指摘していたのです。

この点については次章で検討しますが，ここでは，文部省の生徒指導資料第8集『中学校におけるカウンセリングの進め方』（昭和47年）に記された文章を掲載しておきます。

「学校教育の中に，カウンセリングの手法を取り入れる必要性が高まってくるにつれて，ごく一部ではあるが，これまで強調されてきた生徒指導のすべてに代わるものであるという考え方をする者さえ出てきている」。

このような中，各地の教育研究所では学校教育の理念や機能を基本に据え，そこに教育相談をどう位置付けるかとの視点から，学校教育相談に関する研究が進められました。

例えば，東京都教育委員会が発行した『教育相談の手引き』（昭和39年～）では，一部の専門的技能をもつ教師だけでなく，「いつでも，どこでも，だれでも」できる教育相談の必要性が説かれまし

平成10	ナイフ使用事件多発 心の教室相談員配置 中教審：生きる力
平成11	児童買春に関する法
平成12	児童虐待防止法成立 日本生徒指導学会創設
平成13	改正少年法施行 ひきこもり調査発表
平成14	日本教育C学会創設 完全学校週5日制
平成15	「特支教育の在り方」 「学校安全」アピール 出会い系サイト事件
平成16	虐待防止法改正 文：行動連携を提言
平成17	発達障害支援法施行 ニート80万人
平成18	自殺対策基本法制定 保護者クレーム問題
平成19	児童虐待防止法改正
平成20	ネット問題多発
平成21	スクールカウンセリング協議会創立
平成22	『生徒指導提要』発刊
平成23	防災教育の充実
平成24	いじめ社会問題化
平成25	アレルギー問題 「いじめ防止対策推進法」施行
平成26	SNSを使った犯罪の増加
平成27	小の校内暴力激増 中教審「チーム学校」
平成28	26歳男，障害者施設で19人殺害 JKビジネス問題
平成29	小・中学習指導要領告示 教育機会均等法成立 SC，SSWの法制化
平成30	働き方改革の推進 公認心理師認定試験

た。

昭和41年には、教育相談を学ぶ教師の全国組織が創設され、全国教育研究所連盟が『教育相談ハンドブック』を発行（昭和47年）するなど、教育相談の裾野は広がっていきました。この頃の研究テーマには、「学級経営に生かす教育相談」「学習指導と教育相談」等、「教育相談の姿勢・考え方を活かした活動」が多く取り上げられるようになりました。

● 二極指向期（昭和50年代～）

昭和40年代後半から、全国で高校紛争や校内暴力が多発しました。50年代になると登校拒否（不登校）やいじめ問題も深刻化していきました。

このような問題に直接対応する手法として、あるいは予防的な役割を担うものとして、教育相談に大きな期待が寄せられるようになりました。

これに呼応して、各地で教育相談の研修会が活発に開催されるようになり、教育相談の専門的知識・技能を修得したリーダーの育成とともに、生徒指導の基本姿勢として、すべての教師が教育相談の姿勢・考え方（カウンセリングマインド）を身に付けることが目標とされました。

教育相談機能の重視は、学習指導要領の変遷を見ても明らかです。中学校の特別活動では、「実施することが望ましい」（昭和44年）、「適切に実施できるように配慮する必要がある」（昭和52年）、「適切に実施できるようにすること」（平成1年）、「ガイダンスと（略）カウンセリング（教育相談を含む。）の双方の趣旨を踏まえて指導を行うこと」（平成29年）と表現が変わっています。

● 組織的取組・連携強化期（～今日）

専門的な訓練を受けた教師に教育相談充実のリーダーを期待する考え方は従前からありました。『生徒指導の手びき』（昭和40年）では、既に「相談教師」「学校カウンセラー」の名称が登場し、その資質を挙げる中で「実践家でなければならない」としています。

教育相談に係る学会も続々誕生し、優能な人材を輩出していますが、

すべての学校にいきわたるまでには至っていません。①校内での活動の場が保証されていない，②授業時数軽減等の措置がない，③生徒指導主事のような法的位置付けがないなど，その理由は多岐に及びます。

しかし，いじめ防止対策推進法では学校における相談体制の整備が法的に明確に位置付けられています。教育相談の中心となる教員を「相談教諭」として明確に位置付けることは急務です。既述した『生徒指導の手びき』では，求められる資質を次のように述べています。

「人格的な特性と知識・技術の両面がある。人格的な特性としては，人間的な温かみをもち，自己を受容し，他人を受容する態度が成熟していること，子供に対する愛情と信頼感が豊かで，忍耐力に富むことなど（略）」。このようなリーダーが中心となり，校内の教育相談体制を整え，組織的・包括的な教育相談活動を展開することが求められているのです。

現在の学校教育相談に求められているのは，校内外の専門的知識・技能を有する人・機関との円滑な連携です。平成7年度から「スクールカウンセラー活用調査研究委託事業」が始まり，臨床心理士を中心に各校で活躍しています。

スクールカウンセラーとの効果的な連携が図られている学校は，スクールカウンセラーの高い能力・資質に支えられているとともに，学校教育相談の力量を備えたコーディネーター役を果たす教員の存在が見逃せません。また，不登校問題や児童虐待問題をはじめ，心理学的アプローチに加え，福祉の面からの取組が求められたり，精神疾患等，医学的介入が必要とされる，教育的指導・支援の「守備範囲」を超えた事例が増加しています。このような問題に対処するには，専門機関との緊密な連携が重要です。ここでも，コーディネーターの役割を果たす教員に期待がかけられます。

なお，新しい学習指導要領が告示され（小学校は平成32年度，中学校は33年度，高等学校は34年度から全面実施），学校教育相談への期待が

一層高まっています。

　どの校種においても、「総則」には「児童（生徒）の発達支援」の節が設けられ、冒頭に次のような記述があります。「学習や生活の基盤として、教師と児童（生徒）との信頼関係及び児童（生徒）相互のよりよい人間関係を育てるため、日頃から学級経営の充実を図ること。また、主に集団の場面で必要な指導や援助を行うガイダンスと、個々の児童（生徒）の多様な実態を踏まえ、一人一人が抱える課題に個別に対応した指導を行うカウンセリングの双方により、児童（生徒）の発達を支援すること。」。

　「ガイダンスとカウンセリング」は、学校教育相談そのものです。全ての子供の発達を支援する学校教育相談の重要性を理解し、その基本的な姿勢（心＝マインド）と手法（技＝スキル）をしっかり学ぶ必要があります。

3　「これまで」と「これから」（課題）

（1）学校教育相談の定着を阻んだもの

　教育相談に関する素晴らしい実践を続けている方は大勢います。また、これまで学校教育相談の定着に尽力された方々の真摯な取組には惜しみない賛辞が贈られています。しかし一方で、半世紀以上の長きにわたって、学校教育相談への誤解が残存し、実践をめぐる混乱に拍車をかけている実態も散見されます。

　その理由は大きく2点に大別されます。一つは、学校教育相談の「学校」を忘れてしまった一部「教育相談教」の信者とも言える人の「大罪」です。もう一つが、児童生徒の変化や新たな教育相談に関する知見・技法に追いつくことができない学校現場の現状です。

（2）「学校」を忘れた「教育相談」

❶ 学校と専門機関の違いを明確にしなかった

　多くの方が「学校への教育相談の定着化を阻んだ原因」を検証していますが、その論点は「専門機関のやり方をそのまま学校に持ち込もうとした」に収斂されます。

　「専門機関で行うカウンセリングをそのまま学校において実施することを主張した人々」[1]や、「教師としての自分の不勉強や不適切性を棚に上げ、臨床活動に熱心になり、いっぱしの治療家気取りでいる人たち」[2]の責任は大きかったのです。しかし、専門機関で得られた知見を、児童生徒の指導・支援に活用しようと、寝食を忘れて熱心に取り組んだ教師も数多くいたことは忘れてはなりません。そうした教師の存在が今日の学校教育相談の礎を築いたことも、また確かなことです。

❷ 教育相談と生徒指導を対立的に捉えた

　長い間、いや、ひょっとすると今でも、生徒指導は訓育的・管理的、教育相談は受容的・援助的と捉えている人がいるのではないでしょうか。「北風と太陽」で説明しようとする人もいます。生徒指導を担ってきた人の中には、「子どもを第一に考える教育相談教師、学校保全を最優先する生徒指導教師」として、「悪役」のレッテルを貼られて、切歯扼腕した経験をおもちの方が多数いると思われます。

　「目の前にいる子どもの幸せを最優先する」。これは生徒指導でも教育相談でも、教師の姿勢としてはしごく当たり前のことで、両者の目標に違いはありません。敢えて北風と太陽を対比させたとしても、北風の必要な場面は、「学校」にはいくらでもあります。

❸「受容」を強調しすぎた

　学校に紹介された教育相談は、当初からロジャーズの来談者中心療法の影響を強く受けていました。「子どもの言い分にしっかり耳を傾けよう」という姿勢はその通りなのですが、それを誤って受け止めた人の中

に,「子どもの言い分はすべて認める」「しつけや管理はしてはいけない」などと考える人が現れました。

「子どもの気持ちを理解しよう」と呪文のように唱えながら，支援を求める子どもを前に，最前線に立とうとしない姿勢は非難されても仕方がなかったのです。何を「受容」するのか。この議論が不十分なまま「受容・共感」が一人歩きしてしまったことが惜しまれます。

❹ 個別指導とのイメージが強すぎた

教育相談は，狭義には，相談室等の「保護された空間」の中で，1対1の言葉を介したやりとりと捉えられます。ところが，学校での指導・支援は集団を対象にする場面の方がはるかに多くなっています。ここが学校と専門機関との決定的な違いです。

この点への反省から，教育相談そのものではないものの，「教育相談の考え方や姿勢で学校教育に役立つものが多い」との認識に基づき，「学習指導と教育相談」「学級経営に活かす教育相談」等の実践が盛んに行われるようになりました。秀でた実践が広く紹介されましたが，教育相談を狭義に捉える傾向は今なお続いています。「カウンセリング教育」と「カウンセラー教育」を識別しなかった[3]ことの「ツケ」は，余りに大きかったと言わざるを得ません。

(3) 広がり続ける「教育相談」

学校教育相談の守備範囲は広がり続けています。狭義の教育相談では傾聴技法が基本であることに変わりありません。しかし，「聴く」ことより「訊く」ことで，本人の新たな発想を引き出したり，考え方を深めさせたりすることが効果的な場合もあります。

また，非行問題や発達障害のある児童生徒に対する，これまでの傾聴技法での受容と共感がカウンセリングの在り方において問われています。「受容を許容」に捉えてしまうためです。問題の内容や対象等の違いによって，対応法を使い分ける柔軟な発想が必要になっています。

なお,「○○教育」「○○指導」「○○力の育成」等,学校には様々な役割が期待されています。その都度,コミュニケーション能力向上のためのソーシャルスキル教育の充実,人間関係構築を目指した構成的エンカウンターの導入,実践的・体験的な集団活動の充実を支えるピア・サポートの推進等,教育相談の知見を基礎に編み出された様々な手法が活用されます。この対応にも,教育相談担当者への期待が膨らんでいます。

参考文献
1) 宇留田敬一(編)『学校教育相談の計画と実践』明治図書,1968年
2) 神保信一『学校教育相談の基本』教育出版,1985年
3) 國分康孝「教育相談と学校教育」『中学校』1995年8月号

4 「防止」「発見」「対応」「再発防止」(機能)

(1) 学校教育相談の4機能

　学校教育相談には,開発的教育相談,予防的教育相談,問題解決的教育相談,再発防止的教育相談の4つの機能があります。これは,危機管理の3段階(リスクマネジメント,クライシスマネジメント,ナレッジマネジメント)に重なります。

　問題の未然防止には,問題を生じさせない個人及び集団の力量が欠かせません。この力量を向上させるのが開発的機能です。問題の徴候を見逃さない,たとえ発見が遅れても「小さなサイン」を「大きな問題」に拡大させない早期発見も大切です。これが予防的機能です。問題解決機能は,問題が生じてしまったとき,この改善・解消を目指した一連の取組をいいます。なお,問題への対処に当たっては,専門家による治療的教育相談や司法的教育相談が必要となる場合がありますが,教師は教育のプロであっても,医療的・司法的な治療や法的措置をとる立場には

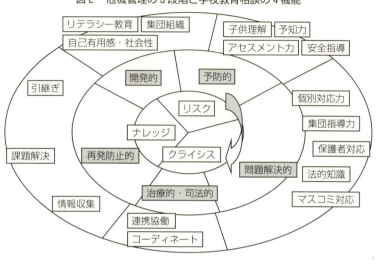

図2　危機管理の3段階と学校教育相談の4機能

ありません。したがって，この機能は学校教育相談の枠組からはずす必要があります。

　4つ目の機能は再発防止的機能です。ナレッジマネジメントは聞き慣れない言葉ですが，他校や他の場所で起こった問題について，その認識・対処法・配慮事項・反省点等を共有し，同様な問題を防ぐ再発防止の機能を発揮する段階です。サイクル型危機管理の考え方からすれば，未然防止（開発的・予防的）と重なりますが，「自校で起こったかのように」，対応への心構え・対処法・配慮事項を再認識・共通理解する点が重要です。

（2）学校教育相談の4機能の実際

　自殺の問題（図3参照）を例に，学校教育相談の4つの機能を具体的にみてみます。

　【開発的機能】は図中では「根本的な防止策」と表示されています。「命を尊ぶ教育」では，すべての児童生徒を対象に，生きる力や自尊感情を

高める指導を行います。デス・エデュケーションの導入も考えられます。「個人の防止力」の育成です。また，児童生徒同士の良好な人間関係や共感能力の向上が「集団の防止力」を高めます。

　【予防的機能】は，教職員が自殺行動への理解を深めることです。様々な準備状態が「原水」として蓄えられているとき，きっかけとなる新たな水が注入されたり（誘因1），自殺報道に触れたりする（誘因2）ことで，コップから水が溢れだします。これが「自殺の決行」です。

　このようなことを理解しておくと，サインに気づき，「緊急的な防止策」という予防的措置をとることができます。

　【問題解決的機能】は図には表示されていません。別途，自殺の危機管理図を作成して，①情報収集，②遺族への対応，③児童生徒対応（伝達の仕方，葬儀への参列，調査，配慮を要する子への個別対応等），④教職員の役割分担，⑤保護者等への対応，⑥マスコミ対応などを整理しておく必要があります。

　【再発防止的機能】は，他校の事例で役立った対処法等について，危機管理図を改訂していく作業となります。「弔問の仕方」など事例によって異なるので，失敗例を表示しておくと役立ちます。

5 「みんな」で「いろいろなこと」を（内容）

（1）「遠くの専門家より近くの教師」

　学校教育相談は，「すべての教師が生徒に接するあらゆる機会を捉え，あらゆる教育活動の実践に生かし」ていくものです[1]。大震災後の「心のケア」では，身近にいる教師の素早い対応が高く評価されました。即効性ある対応ができる点は，「学校」教育相談の最大の強みです。

図3 学校教育相談の4つの機能（自殺を例に）

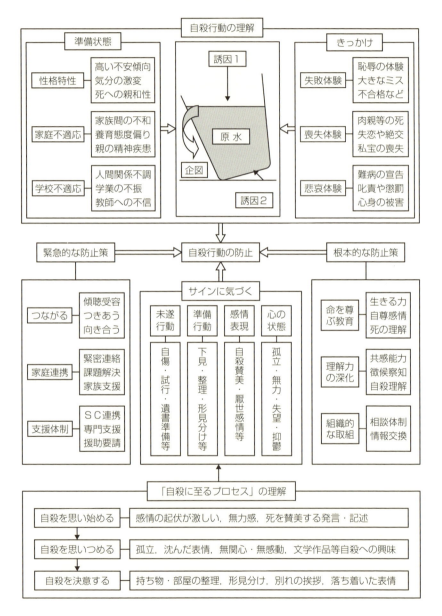

(2) 計画的・組織的・包括的な展開

　教育計画に則って，全教職員が組織的・計画的に学校教育相談の担い手になることができます。このため，次頁の図4に示したように役割分担を明確にすることができる上，お互いが同じ職場で学校の状況を共通理解して活動できるため，相互の連携が図りやすい点も大きな利点です。

(3) 情報収集・集約のセンター機能

　「何でも学校任せ」の風潮は，教師の多忙化や過剰な「学校バッシング」の温床となるなどのマイナス面もありますが，学校は児童生徒や家庭の個人情報だけでなく，地域や関係機関からの有効情報が集積され，その適切な活用が問題行動の未然防止や早期発見・対応に役立っています。

(4) 相談環境・人的資源の整備

　「開かれた学校」が標榜され，「学校の敷居」は以前に比べ低くなったと言われます。保護者や地域の方が相談を持ち込む事例も増えています。学校は相談に応じる場所・人を確保することが容易です。最近では，スクールカウンセラーやスクールソーシャルワーカーの配置も進み，相談環境は一層整備されてきました。

参考文献
1) 文部科学省『生徒指導提要』2010年

図4　学校教育相談の位置付け

	自己実現を支援する開発的教育相談	問題を早期発見する予防的教育相談	問題の解決を支援する問題解決的教育相談	専門機関が行う治療的教育相談
管理職	教育相談の定着・充実に関わる活動　↓ ・方針の明確化　・組織の活性化 ・校内研修の充実　・条件整備	・教職員との面談 ・教職員への助言 ・危機対応体制整備 ・保護者との面談	・連絡・調整 ・日常的連携 ・訪問面会 ・報告書提出	
教育相談担当教諭	校内教育相談の調整・推進・充実活動　↓ ・教育相談室の管理・活用計画・運営 ・個人情報の収集・整理・活用法の提示 ・外部相談員等と連携した相談活動 ・教育相談に関わる資料収集・提供 ・特別支援教育コーディネーターとの連携	解決策を見出す取組 ・事例研究会の開催 ・問題の整理・分析 ・SCとの対応協議 ・専門機関の紹介 ・役割分担の明確化	連携・協働 ・専門家の助言 ・校医等へ相談 ・司法への連絡 ・医療との連携 ・管理職と協議	
学級（HR）担任	教育相談の姿勢を活かした学級（HR）経営 ・グループ・エンカウンター等の活用 ・交換日記，班ノート，日誌等での相談 ・日直面接，給食時面接等の工夫 ・調査・アンケート等による早期発見 ・ソーシャルスキル教育の計画的推進 ・集団の力・動的人間関係の把握 ・個別面談，三者面談等の計画的実施 ・保護者との随時相談の実施 ・「親ノート」による保護者との連携	温かく毅然とした心 ・心理的事実の受容と客観的事実への指導・援助 ・被害者保護の厳守 ・非は非とする姿勢 ・リソースの活用 ・ピア活動の活用 ・保護者との連携 ・組織対応への移行	連携・協働 ・一人で抱え込まない ・SC・SSWへの情報提供 ・協力依頼 ・専門機関への訪問・面会 ・本人への励まし・助言	
授業担当者	教育相談の心と技を活かした授業の展開 ・傾聴・受容・共感等の基本的姿勢 ・「ありがとう」「うれしい」等の言葉かけ ・「いいね」「やったね」等の肯定的評価 ・一人一人への目配り・気配り ・ロールプレイング等の「技」の活用	個別指導への配慮　↓ ・配慮点の熟知 ・人間関係の構築 ・専門家からの助言 ・補助員等の導入 ・組織的対応の推進	連携・協働　↓ ・個別指導対応 ・授業記録保管 ・通級教室等との緊密な連携 ・可能な評価	
養護教諭	保健室運営・保健安全指導・緊急対応 ・配慮を要する子への対処法の周知徹底 ・情報収集と情報発信の重要な機能 ・問題の早期発見（心身の不調の訴え等） ・健康相談や委員会指導による健康指導	問題徴候の早期発見 ・来室状況や会話等の情報提供 ・健診結果の指導 ・校医相談等の実施	連携・協働 ・危機介入の判断 ・医療機関の窓口 ・専門機関等への情報提供	

新訂版
教育相談 基礎の基礎
第2章

教育相談の基本姿勢

1 心理的事実の受容・共感と客観的事実の支援・指導

（1）美辞麗句に包まれた教育相談の研修会

　教育相談の研修会では心地良い言葉が飛び交います。一人の教師が反抗的な子どもの対応について質問しました。講師の先生の即答。「先生の人差し指をその子の心の襞に当ててあげてください」。「？？？？」と私。質問者は「よくわかりました」。再び「？？？？？」。

　別の研修会です。運よく（悪く？）ロールプレイングを受講生の前でやることになりました。私より20cm以上も大きな先生がシンナーを吸引して大暴れ。その制止役となったのです。「ダメだよ。体によくないから，預かってあげるよ」。私は敢然と「シンナー少年」と対峙しました。

　その瞬間「はい終了」。「そんなやり方では教育相談を学ぶ資格ありませんよ」。きつい一言でした。「見ていなさい」。そう言うなり，講師の先生は，「シンナー少年」の肩まで必死に手を伸ばし，「シンナー吸いたいほど辛い思いがあるのね。その気持ち，よくわかるよ」と語りかけました。そして解説。「こんなふうに相手の心に寄り添うことが大事なのです」。

（2）2人の先輩教師に学ぶ

　毎日，問題行動への対応に追われていたときのことです。A先生はよく大きな声で怒鳴っていました。「てめぇ！　やんのかよう」，ツッパリ君も負けてはいません。「待ってろ。お前の話を聞いてからだ」。決まってこんなふうに返答し，生徒の声に耳を傾けます。そして一言。「そうだったのか。でも，ダメなことはダメ」。
　B先生はいつも穏やかな表情で静かな語り口が身上でした。ツッパリ君相手でも，「どうしたの。あなたなら悪いってことわかってるでしょ」と，優しい眼差しを向けながらも非は非としてしっかり指摘します。生徒指導と教育相談の関係に悩んでいたときのことです。2人の先輩教師に目を細めながら，「出口」が近いことを予感していました。

（3）心理的事実と客観的事実

　「葬式ごっこ」事件を受け，東京都教育委員会は総力を挙げていじめ指導の手引書[1]を完成させました。昭和61年のことです。
　その中に「『客観的な事実』とともに，いじめる側の『心理的な事実』に耳を傾ける姿勢が特に強く求められる」とありました。「これだっ！」今までもやもやしていたものが一気に吹き飛びました。既にフロイトは「現実事実」と「心的事実」について言及していました。しかし，これまでは注目することがなかったので，この一文は衝撃的でした。

（4）再び，教育相談の研修会

　初任者研修の講師を依頼されたときのことです。「教育相談的な指導例を発表してください」という問いかけに，小学4年生を担任するC教師が手を挙げてくれました。

遅刻してきたD君が、前列の子の机を全部倒したというのです。C先生、「どうしたの？ D君」と問いかけました。返答は「父ちゃんに殴られたんだ」でした。「痛かったろ。辛かったね」とC先生。立派な「心理的事実の受容」です。さて、その後を期待して耳を傾けたのですが、C先生は着席してしまいました。「D君が倒してしまった机（客観的事実）はどうしたのですか？」と尋ねました。「それ、私が直しました」。「心理的事実の受容」まではとても良かったのですが、「客観的事実の支援・指導」を忘れてしまったのです。

> 参考文献

1) 東京都教育委員会『生き生きとして意欲的な児童・生徒の育成―「いじめ」をなくす実践の手引―』1986年

2 教育相談の「心」と「技」

（1）バランスのよい安定化・社会化機能

「心理的事実の受容・共感、客観的事実の支援・指導」が教育相談の基本姿勢の第一に挙げられますが、これに続く「バランスのよい安定化・社会化機能」も、教育相談の成否の鍵を握ります。

教育改革国民会議はその報告書（平成12年）で「教育を変える17の提案」を行っています。その第一に「教育の原点は家庭であることを自覚する」を掲げ、その中で「家庭は厳しいしつけの場であり、同時に、会話と笑いのある『心の庭』である」と述べています。家庭の役割を「しつけ」を行うことと「愛情」を注ぐことと捉えているのです。この2つの役割は学校も同じです。子どもたちに様々な資質・能力を（「教師の姿勢4類型」）身に付けさせるとともに、一人一人との人間関係を構築

し，安心・安全に過ごせるよう支援することは教師の重要な使命です。

この2つの役割は社会化機能と安定化機能と呼ぶことができます。2つの機能を両軸に取ると，図5のよう

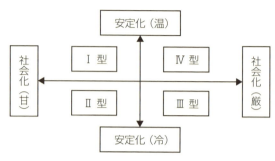

図5　児童生徒への接し方4類型

な「教師の姿勢4類型」が得られます。教育相談が目指すのはⅣ型です。子どもをかけがえのない存在として温かく見守りながらも，いつでもきちんと向き合い，非なる言動には厳然と対処する姿勢。教育相談の基本姿勢として大切にしたいものです。

(2)「心」(指導姿勢)と「技」(指導技術)

教育相談の研修に携わるようになったおり，知り合いの校長先生から「素晴らしい先生は知らず知らず教育相談をしているけど，教育相談をする先生は必ずしも素晴らしいとは限らないね」との指摘を受けました。ぐうの音も出せない，きっぱりとした口ぶりでした。

残念なことに，教育相談の「心」をもたぬ人が，「技」に溺れると，このような評価を受けがちです。かつて，「ふんふんと頷くだけのエセ教師」，「閑古鳥　今日も騒がし　相談室」などと，教育相談に取り組む教師が揶揄されたことがあったと言われます。

教育相談に関わる優れた理論の持ち主でも，多種多様な技法を習得した人でも，「お客さん」(児童生徒や保護者等)の信頼がなければ「商売」(教育相談)はあがったりです。これは教育相談に限ったことではありません。授業や部活動の指導に当たっても，指導の「心」(姿勢)と「技」(技術)の総和が指導成果を左右するのです(図6)。

（3）生徒指導と教育相談

このように見てくると，教育相談の基本姿勢は生徒指導と何ら異なる点はないことがわかります。ともすれば「厳しい生徒指導対甘い教育相談」「反社会的問題に対応する生徒指導対非社会的問題に対応する教育相談」「集団対象の生徒指導対個人対象の教育相談」等，対立的に論じられてきました。このため，両輪論や中核論が唱えられましたが，両者は目的論でも方法論でも重なる部分が多いので「重複論」が適当と思います。

「生活指導と教育相談は検事と弁護士のような役割関係ではない。（略）同一人物が生活指導もできるし教育相談もできる」[1]ことは，多くの人々の実践が証明しています。

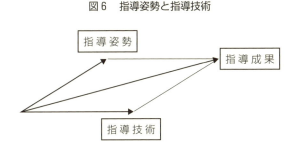

図6　指導姿勢と指導技術

参考文献
1）國分康孝『学校カウンセリングの基本問題』誠信書房，1987年

3 教育相談の「心」（考え方・姿勢）

（1）『生徒指導の手びき』で求められた資質

1章2節「学校教育相談の歴史」で述べたように，半世紀も前に作成された『生徒指導の手びき』[1]では，教育相談担当者（相談教師）に必

要な資質について，次のように述べられています。

①人間的な温かみをもち，自己を受容し，他人を受容する態度が成熟していること
②子供に対する愛情と信頼感が豊かであること
③忍耐力に富むこと

（2）カウンセリングマインドとは

「教育相談の心」は「カウンセリングマインド」という和製英語のほうが広く知られています。この言葉は，日本学校教育相談学会初代会長・小泉英二先生が雑誌[2]の座談会で使用して以来，「教育相談の考え方・姿勢を大切にした児童生徒等への接し方」を意味するものとして，広く使われるようになりました。

その後，1980年代後半になると，教育雑誌等の特集にも取り上げられるようになり，一部教師による教育相談の「技」（スキル）に傾倒した指導ではなく，すべての教師が教育相談の基本姿勢（マインド）を活かした支援・指導を進めようという主張のスローガンとして定着していきました。

カウンセリングマインドは様々に説明されていますが，ほぼ共通するのは，カウンセリングの技術ではなく，カウンセラーとしての姿勢を重視しようとする立場です。具体的には，「相手の話をじっくり聴く」「相手と同じ目の高さで考える」「相手への深い関心を払う」「相手を信頼して自己実現を助ける」（中央教育審議会答申，平成10年6月）などの姿勢を指しています。

（3）カウンセリングマインドの実際

カウンセリングマインドは，教育相談を行うときにだけ意識するものではなく，教師として当然身に付けるべき資質です。各地の教育研究所

等では，具体的な言動について様々な提言をしています。東京都立教育研究所相談部では，27の基本姿勢をカルタ（『ふれあいのきずな』）として制作しました[3]。ここでは代表的なものを取り上げます。

【受容】【共感】

学校に紹介された教育相談は，ロジャーズの来談者中心療法の影響を色濃く受けたものでしたから，その基本姿勢である受容と共感がカウンセリングマインドの中心概念として取り上げられたのは当然のことです。

受容とは，肯定的な感情も否定的な感情もそのまま受け入れ尊重しようとする態度のことで，共感とは，感じ方や気持ちを，相手の立場に立って傾聴し，「あたかも」相手になりきったように感じ取ることです。

受容と共感は児童生徒との信頼関係を深める万能薬のように推奨されますが，その曲解も目立ちます。

第一に，既述したように，受容・共感は心理的事実に対して行うもので，誤まった言動（客観的事実）は正さなければなりません。受容と許容には雲泥の差があります。

第二に，子どもの立場に立って理解・受容・共感したら，大人の立場に戻って，支援・指導を行う必要があるということです。人間としては対等であっても，時には「教え－教えられる」関係になることがあります。教えるべきは教える。それが大人としての責任ある態度です。

第三に，「同情」との違いを自覚することです。「高い穴の話」は，真の共感と単なる同情の違いを見事に描いています。深い穴に落ちた友人を助けようと，「高い穴に落ちた友達を助けて」と叫んだ少年の話です。一緒に穴の底に居て同じ気持ちを味わうのは「同情」です。穴底を見下ろしながら，上を見上げる友人の気持ちになることが共感です。

【正対する】

「決して見捨てない，だからこそ見逃さない」。学校荒廃の嵐に見舞われたときの，教頭先生の言葉です。問題行動が続く中，疲れきった状態

では，非なる言動に目を覆いたくなります。それでも「ダメはダメ」と言い切る。このような「正対する」姿勢に，子どもたちは少しずつ心を開いてくれたように思います。

先述した『ふれあいのきずな』の「ぬ」の読み札は「ぬくもりを　求める子どもが　求める正対」です。

【肯定的に見る】

良い点を積極的に見出し，その事実を伝えること。これも大切です。孟子の「性善説」（人間本来の性質は善である）や，マスローの唱える「B心理学」（欠点より良い点や可能性を対象にする）も，一人一人を肯定的に捉えることの大切さを教えています。

子どもや保護者との対話においても，マイナス面よりプラス面を先に指摘することが大切です。また，ついつい不適切な行動に目がいきがちですが，適切な行動（普通の行動や当たり前と思われる行動でも可）に「ありがとう」「うれしいよ」等の言葉をかけることが自然体でできるようになりたいものです。

【過去を反省させるより未来に向けて責任をとらせる】

『反省させると犯罪者になります』[4]。ドキッとさせられるような書名ですが，「反省させるのではなく，ケアする視点が必要」「問題行動を起こしたときこそ，自分のことを考えるチャンスを与えるべき」など，カウンセリングマインドの一角を占めることができるような提言が続きます。

このような姿勢に徹していれば，「なぜ」「どうして」という言葉より「どうしたらいい」という訊き方が増えるでしょう。

参考文献

1）文部省『生徒指導の手びき』1965年
2）「生徒指導この10年をふり返って」『月刊生徒指導』学事出版，1980年3月号
3）東京都立教育研究所相談部『ふれあいのきずな』1991年
4）岡本茂樹『反省させると犯罪者になります』新潮社，2013年

4 教育相談の「技」（スキル）

(1) 理論・技法の基礎知識の必要性

　「学校教育相談」の成否は，「心」（マインド）と「技」（スキル）の総和で決まる，と言われていますが，やや「心」に分があるように思います。「教育相談で大事なことは技法ではなく，カウンセラーのパーソナリティ」との意見にも符合します。

　そうは言っても，理論・技法の基礎知識を身に付けることも重要です。教育相談の理論・技法を学ぶことの最大の意義は，その中に日常の教育活動の中で活用できるエキスがたくさん詰まっていることです。一部の方を除き，カウンセラーになるわけではありませんから，「カウンセリングを学ぶ」のではなく，「カウンセリングに学ぶ」姿勢を大切にしたいと思います。

　私事で恐縮ですが，学校教育相談に関わって40年が経ちますが，真っ赤に染まった逐語録を手に鍛えてもらった「傾聴技法」以外，得意技というものをもちません。いわゆる折衷主義と呼べるほどの，他理論・技法へのうんちくも皆無です。

　「あっちの水も，こっちの水も」，どれも欲しがり，「これは使える」と思える「部分」をパクリ。これは意外に効果的でした。「この場面ではこれ」という選択肢が広がりました。それぞれの理論・技法の「本丸」まで達することができなくとも，本丸を目指す少しだけの意気込みがあれば，役立つ姿勢・手法はいくらでも野辺に咲き誇っています。

　本節では，教育相談関係の書籍によく登場する理論・技法の簡単な紹介をしておきます。実際の活用例は第4・5章をご覧ください。そして，興味・関心が高まった理論・技法があったら，さらに専門性を高めるか，真の「折衷主義」を目指してください。

第二に，理論・技法についての知識をもつことは，専門機関との連携の際に役立ちます。「今，箱庭療法に取り組んでいるところです」と伝えられ，「空き箱で庭を作って何するの」などと質問するようでは，連携相手を辟易させてしまいます。お気をつけください。

（2）教育相談に関する主な理論・技法

[精神分析] S.フロイトの創始。幼少期の体験により，無意識に抑圧されているものを意識化し，自我によってコントロールできるようにすることを目的とする。事例研究会で成育歴を話題にしたり，作品や作文から心の動きを感じ取るなど，特別に精神分析という言葉を使わなくとも，知らずに活用していることがあります。

[来談者中心療法] ロジャーズが提唱したカウンセリング理論。受容と共感を中心に相談者と関わり，相談者の自己理解と自己洞察を期待します。批判・反論することなく子どもの訴えにじっと耳を傾けていると，突然「俺も悪かった」などと自省の言葉を口にすることがあります。

[短期療法] ブリーフセラピーの訳語で，短期化・効率化を目指す心理療法の総称。問題の原因探索（問題志向）より，解決の状態・方向・目標を具体的に設定し，その日常化・一般化を目指す，解決志向の心理療法です。

[行動療法] 問題の原因は誤まった反応の仕方を身に付けてしまったか，正しい反応の仕方を学んでいなかったと考え，「誤まった反応の仕方の除去」または「正しい反応の学習」を目標にします。約束事をカード化する（行動契約法），成功報酬としてシールを与える（強化法）等，日常の指導によく使われています。

[論理情動行動療法] アルバート・エリスが創始。感情や行動が生まれるのは、外の出来事によってではなく、その人の思い込み・考え方によるというのが基本的な考え方です。例えば、教師に叱責された子どもが反発した時、叱責が直接の原因でなく、「教師は頭ごなしに叱るべきでない」という思い込みが反発を招いたと捉え、この思い込みを排することを目標とします。

[現実療法] グラッサーの創始。現実の枠内で欲求を充足させ、責任ある行動の仕方を学ばせようとします。
　「3つのR」(リアリティ(現実)・ライトとロング(正と不正)・リスポンスィビリティ(責任))の考え方は、生徒指導の重要な姿勢として評価されています。

[交流分析・TA]「人と人とのやりとりの分析」を意味する、エリック・バーンが提唱した心理療法です。ストロークの考え方、親・大人・子どもの3つの自我状態を基にした自己理解、やりとり(交流)の分析等は、児童生徒の自己理解の深化や人間関係の把握に有効です。

[特性因子理論] 調査・検査・観察記録等の個人情報を基に、課題を明確にしたり、対処法の提示や助言を行います。適性検査を使った進路指導、健康診断結果に基づく健康指導、学力調査を用いた学業指導等がこれに当たります。

[論理療法] イラショナル・ビリーフ(その考えをもたらした非論理的な考え)に反論して、ラショナル・ビリーフ(合理的信念)に変えることで、問題や悩みの解決を図ろうとする心理療法。創始者はエリスです。

[ゲシュタルト療法] それぞれの見方・考え方は、その人の体験に裏打

ちされているので，それをそのまま受け止め，自らの欲求を理解したり，それを充足できる力を付けようとします。パールズが創始者。

[家族療法] 問題は，問題を起こす本人自身の問題としてではなく，家族というシステム全体の問題として捉えます。問題が生じたのは家族全体が抱える問題であるためと考え，問題や症状を訴えた人を「たまたま患者になった人」という言い方をします。両親の葛藤に嫌気がさして非行化する，家族の死による喪失体験に苛まれた者がうつ状態になるなどが典型例として挙げられます。

[内観療法] 吉本伊信が創始した日本生まれの心理療法。生まれてから現在までを数年単位に区切って，肉親など身近な人に「してもらったこと」「して返したこと」「迷惑をかけたこと」の3点を具体的に思い出すという手法をとります。実際には長い時間を要するため，応用例としては，帰りの会で児童生徒に上記3点を文章化させる等の例があります。

[森田療法] 森田正馬が創始した「症状をなくそうとするのではなく，それを抱えたまま，必要な行動がとれるようにする」ことを目的とする心理療法です。

[心の絆療法] 稲村博が自殺予防を主目的に始めた，徹底した傾聴・受容，電話相談，危機介入等を基本に行う面接療法。

[自律訓練法] シュルツが体系化した自己暗示による「自己弛緩法」。4肢の重感・温感を基本に，習癖の改善や不安感の除去に活用します。部活動などで，試合前の精神統一や予期不安（これから出会うかもしれない失敗や恐怖への不安）の解消等で使われます。

[ライティング・メソッド] 手紙，交換日記，メールなど，「書くことを通したやりとり」。人間関係のトラブルにおいて，相手の言動と自分の気持ちを順序立てて記述していく「場面記述法」，役割を交換しながら手紙を綴る「役割交換書簡法」（ロール・レタリング），所どころを空欄にした文章を完成させる「文章完成法」，紙上討論会，日記指導，自分史の作成など，「書くこと」による教育相談の効果をねらった手法は多数工夫されています。

[遊戯療法][作業療法][運動療法] 遊戯療法はプレイセラピーの訳。表現力が乏しい子どもに，「遊び」を通して自己表現をさせたり，改まった場所・時間では面談に応じない子に，遊び・作業・運動をする中で，本音を語らせたり，動作・表情を通して心の内を表現させたりします。

[箱庭療法] 砂箱に砂を敷き，与えられた素材を使ってそこに自分の作りたい情景を表現させます。作製過程の観察や出来上がった作品の分析を通して，その子の内面的理解を深めるとともに，砂の感触が適度な退行を促すという治療的効果も期待されます。

[芸術療法][音楽療法] 音楽や芸術の表現・制作を通して，自己表現を促す手法です。これにはカタルシス効果（もやもや感の解消等）が見られることもあり，作品分析による心理診断にも役立ちます。

[フィンガーペインティング] 作品分析による心情理解やカタルシス効果を目標に，絵の具を指につけて絵画を完成させます。

[風景構成法] 川，山，道など，11項目の課題を与えて絵画を完成させます。芸術療法の一つとして開発されましたが，診断的効果の評価も高

いことで知られます。

[コラージュ療法] 週刊誌等の印刷物を材料に，切り貼り・貼り付けの方法で作品を完成させる手法です。

[その他の療法] 植物セラピー，動物セラピー，読書療法，レクレーション療法等，「その人が心を癒すことができるものを」介するものは，すべて「○○療法」と名づけることができます。

[コーチング] ビジネスの世界で管理職が職場の人間関係をまとめるとともに，一人一人の意欲を高め業績向上に資するスキルとして広がりました。カウンセリングで開発されたスキル（傾聴・承認・質問）が中心で，未来志向の姿勢はブリーフセラピーと重なる部分が多い言われます。

（3）児童生徒理解・日常指導に役立つ手法

[アセスメント] 問題や援助の方向性を見つけるために行う評価・診断。観察法，面接法，検査法の3つに大別されます。検査法は，質問紙法，投影法，作業検査法があります。

[投影法] 検査法の一つで，あいまいな図を示し，その回答内容から深層心理を探ろうとするロールシャハ・テスト，様々な会話場面での発言を吹き出しに記入させるP-Fスタディ，未完成文章を提示して自由に完成させるSCT（文章完成法），「実のなる木」の絵を描かせるバウムテスト等があり，臨床場面での活用例が多くなっています。

[作業検査法] ランダムに並ぶ数字の隣同士を足し算していく，内田・クレペリン検査が代表的なものです。

[知能テスト］［学力調査］日本では田中・ビネー知能検査がよく知られています。近年では，WPPSI（就学前児童用），WISC-Ⅲ（児童用），WAIS-Ⅲ（生徒用）というウェクスラー式知能検査が広く使用されています。

［構成的グループ・エンカウンター］本音で心の交流をする集団体験をグループ・エンカウンターといいます。リーダー役（教師）があらかじめ方向性を考えておき，用意した課題（エクササイズ）を進める場合は「構成的」という言葉を冠します。自己理解・他者理解・自己受容・自己主張等の能力の向上が期待されます。

［アイスブレイク］構成的グループ・エンカウンターの中で，初めて会った者同士の緊張感・不安感の解消を目指したエクササイズを実施すること。「見知らぬ者同士の出会いの緊張をほぐす演出法」と言われます。

［ロールプレイング］［サイコドラマ］ロールプレイングは役割演技を通して相互の感情交流・相互理解を進めるもので，与えられた役割の気持ちを擬似体験できます。もともとは，レヴンによるサイコドラマ（心理劇）の演技のことを指していました。サイコドラマは参加者が自由に即興的な劇を演じることで，悩み等への気づきを得る集団心理療法です。

［ピア・サポート］Peer（仲間）によるSupport（支援）のこと。子ども同士の共感的理解中心の支えあい活動として始まり，ピア・ヘルピング（仲間同士の自助活動），ピア・カウンセリング（悩む仲間へのカウンセリング的支援），ピア・ミディエーション（仲間同士のトラブル解消），ピア・チュータリング（仲間による共同的学びあい）など，「ピア」を冠する多くの活動が工夫されています。

[ソーシャルスキル教育] 対人関係を円滑にするための対人コミュニケーション訓練の総称。このうち，アサーショントレーニングは，自分も相手も大切にする自己表現の仕方を身に付けることが目的です。コーピングスキルは，ストレスを生み出す刺激（ストレッサー）に対処する様々な方法のこと。この他にも，怒りの対処法を段階的に学ぶアンガーマネジメント，自然体験を中心とするネイチャーゲーム，キャリア発達を促進するインターンシップなどがあります。

[集団理解に役立つ手法] 学級内の人間関係を把握する方法は多々工夫されています。このうち，ソシオメトリック・テスト，社会的距離尺度法，Q-U，ドット法，の4点を取り上げますが，いずれも，テスト法としての意義を踏まえながらも，あくまでも，教師の「目で見」，「耳で聞き」，「心で感じた」実態を補うものとの認識をもつことが大切です【ソシオメトリック・テスト】。「同じ班になりたい人を5人挙げなさい」などの質問により，その結果をソシオグラム（人間関係図）にして，学級内の人間関係を把握します。「同じ班になりたくない人」等を答えさせることが問題となり，今日では実施が減っていますが，日常の観察や個人面談の資料から作成することができます。【社会的距離尺度法】学級の全成員に対して，「好き―嫌い」のいくつかの段階の評定点を与える方法。与える（与えられる）得点の高低により，級友に対する友好度が判断できます。ソシオメトリック・テスト同様，「同じ班になりたくない」「嫌い」という聞き方に問題があるので，日頃の観察や会話から教師が判断する必要があります。【Q-U】河村茂雄が開発した学級の状態を把握する質問紙法。縦軸・横軸に「被侵害得点」（ルールの共有性），「承認得点」（リレーション）をとり，ここで得られた4つの象限を，「学級生活満足群」「非承認群」「侵害行為認知群」「学級生活不満足群（要支援群を含む）」に分け，学級成員がそれぞれどこに位置するかがひと目でわかるようになっています。【ドット法】碁盤の目のような図（縦

横5〜7線程度）を示し，例えば，中央部に本人がいた場合「母親はどこにいる」と質問し，その人物への心情を理解します。検査より話のきっかけとして利用すると効果的です。

（4）事例研究法等問題の共通理解を深める方法

[ケース会議（ケースカンファレンス）] 関係者が一堂に会して支援の対象者（状況）について，情報の収集・分析を行い，問題の原因や支援の方法について検討すること。このとき，ブレーンストーミングやKJ法等の有効な活用が望まれます。

[事例研究会の工夫] 課題指摘法は，参加者が事例の中から問題点を指摘します。課題討議法は，検討すべき課題があらかじめ明示されているもの。経過事例法は，事例を時系列でいくつかに分け，それぞれの時点での対応策等を協議します。場面協議法は，事例の中の一場面を取り上げ，その点に絞って検討します。行動事例法は，事例に即したロールプレイングを実施して，主として人物の心情に焦点を当てた協議を行います。ディベート法は，論題を設定しておき2者に分かれて討議します。
　なお，短縮事例法やインシデント・プロセス法等，新たな方法も工夫されているので，目的に応じて使うことが望まれます。

[エコマップ] 事例検討の対象となる人物の家族図（ジェノグラム）を中心に，それぞれの人物に誰（機関）が関わり，どのような連携を進めるかを図示したもの。

5 児童生徒理解1 ― 姿勢と方法

(1) 児童生徒理解の意義

『生徒指導提要』では、児童生徒理解を「児童生徒の人格を望ましい方向に形成させようとするときに」、「それぞれの個性を生かし、個人の持つ特徴に従って進める」ため、「児童生徒の持つそれぞれの特徴や傾向をよく理解し、把握すること」と定義しています。

個々の児童生徒の特徴・性格を理解することで、生徒指導（教育相談）が効果的に進められ、相互理解や人間関係の確立により、自己実現を図っていくための自己指導力が育成されるのです。このため、児童生徒理解は「生徒指導（教育相談）のスタートラインであるとともに、最終ゴール」ということができます。

(2) 児童生徒理解の分類

児童生徒理解は、大きく一般的理解と個別的理解に分けられます（図7）。

一般的理解は、様々な行動様式、発達過程、疾病や障害等の特徴などについての基本的知識をもつことで児童生徒理解の基盤となるものです。

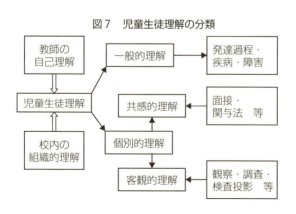

図7 児童生徒理解の分類

これに対して、個別的理解は、能力・適性、興味・関心、性格・行動傾向、発達状況、取り巻く環境等に

ついて，児童生徒一人一人に即して理解していこうとするものです。

個別的理解は，日ごろ児童生徒とふれあう中で，その言動に関心をもち，より良い点を見出していこうとする肯定的・共感的理解が大切です。この方法は相互理解を深め，信頼関係の構築等には有効ですが，どうしても主観的になりがちで，後述する「正しい理解を妨げる効果」が生じやすくなります。

客観的理解はこれを補うものです。一定の条件下で観察・記録・分析を行う観察法や，信頼性・妥当性にすぐれた調査・検査法等があります。

なお，児童生徒理解の前提として，「教師の自己理解」と「校内の組織的理解」に留意しなければなりません。これは正確な児童生徒理解を進めるには，教師自身が自分のこと（児童生徒理解の傾向等）をよく知っていること，及び一人の理解では，見落としや誤解があるため，組織として全体像を理解することの必要性を示したものです。

（3）正しい理解を妨げる「効果」

正しい理解を妨げる，個々の教師がもつ傾向には次のようなものがあります。自分の「癖」を知っておく（自己理解）が大切です。

【初頭効果】第一印象をそのまま引きずること。
【焦点効果】幅広い見方ができず，一方向でしかみないため，児童生徒の多様な面を理解できない傾向。
【寛容効果】いわゆる「えこひいき」。気に入った児童生徒への評価がついつい甘くなってしまうように感じたら要注意。
【対比効果】個としての努力の過程や成果を素直に評価せず，何かにつけ他と比較して「〇〇と比べたら――」という言い方をする。
【レッテル効果】自分自身の過去の体験を基に固定的なイメージをつくりあげ，先入観で決めつけてしまうこと。
【光背効果】ハロー効果。光背の素晴らしさに仏像そのものが立派に見

えるように，目につく面に着目して，他の面も良いと判断すること。
【枠組効果】枠組とは，物事を判断する際，その拠り所となる考え方・心のはたらきのことで，それまでの体験や現在の環境に大きな影響を受けています。「頼りにするな自分の枠組」は，けだし名言。

（4）児童生徒理解の「6つの基本姿勢」

❶ 一般的理解を広げる

　疾病や障害等の特徴や指導上の留意点を知っておくことは，問題の早期発見や効果的な指導・支援に役立ちます。

　このような認識・知識を身に付けることは，疾病や障害に対しての偏見を助長し差別感につながる旨の主張を耳にすることがありますが，正しい理解を適切な支援につなげ，二次的問題を防止することこそ，すべての教育関係者に課せられた使命です。まずは，そのような認識をもつことが求められます。

❷ 肯定的理解に徹する

　評価の目的は，児童生徒一人一人の可能性を積極的に見出だし，豊かな自己実現に役立てることです。肯定的理解と共通します。

　これは今に始まったことではありません。古くは孟子の「性善説」があります。江戸時代の儒学者・荻生徂徠は「上役の心得」に，「人は長所のみをとらば即ち可なり。短所を知るを要せず」と書き残しています。質実剛健な武士でさえ誉められれば嬉しいものです。

　ましてや児童生徒をや。

❸ 自己理解を深める

　例えば，何事にも関心を示す子に対して，「でしゃばり」対「積極的」という真っ二つの評価がされることがあります。これは，人によって好悪の感情や善悪の判断に違いがあるために起こります。それぞれの人が判断の拠り所にする心のはたらきを「枠組」といいます。

　自分の枠組を知ること（自己理解）は，児童生徒理解を正確に行うた

めには欠かせません。

❹ 共感的理解

表面的な言動に惑わされることなく，内面の感情（心理的事実）をしっかり把握することは，教育相談の真髄となるものです。

❺ 徴候の理解に努める

「小さなサインに大きな問題」と言われます。サインを見逃さず，それを解読する「鋭い目と心」（感性）が求められます。

❻ 理解を指導・支援につなげる

児童生徒理解は，指導・支援のために行うもので，「理解すれども指導・支援なし」の姿勢は厳に慎まなければなりません。「子どもの立場に立って理解したならば，大人（教師）の立場に戻って指導・支援する」姿勢を忘れてはならないのです。

(5) 児童生徒理解の「7つの具体的方法」

❶ 関与を通した理解

児童生徒理解を効果的に行うには「子どもと共に在る」時間を増やすことが大切です。3つの「共かん（汗・歓・感）」に心がけ，共に汗し，歓び，感じ合う関係づくりに努めることが重要です。

❷ 傾聴を通した理解：本章第9節「『きく』ことによる理解」を参照。

❸ 表情を通した理解：本章第8節「『みる』ことによる理解」を参照。

❹ 行間を通した理解

作文や作品にも豊富な情報が詰まっています。文字の大きさ，筆圧，マス目の使い方，文の接続，多用される言葉等，文章解析の専門知識がなくとも，首を傾げたくなることがあります。絵画や書道等の作品も同様です。

❺ 無意識の世界の理解

自分の思いや感じていることを無意識の世界に押し込めてしまうことを「抑圧」といいますが，これをすり抜けて形を変えて表に出ることが

あります。この心の動き（防衛機制）は「本音」の宝庫です。（本章第10節を参照）

❻ 多面・多角の理解

丸ごと理解したつもりになっていると、実は半分すら理解できていないことがあります。一教師の一場面での「理解」には限界があるからです。それを補うのが多数での多面的な組織的理解です。

❼ 資料を通した理解

客観的な資料（計画的観察、調査・検査等）を基に、診断的・客観的に理解することを診断的理解といいます。学業成績の変遷、健康診断記録等から、「小さな変化」を客観的に捉えることも大切です。

6 児童生徒理解2― 一般的理解

（1）一般的理解の必要性

通常「一般的理解」とは、世間一般で受け入れられている評価規準・基準で行動・心情・態度・状態等を判断することです。

個別的理解が一人一人の特徴を詳細に理解しようとするのに対して、一般的理解は、特徴的な言動や状態等に名称をつけて、その概要を知ろうとするものです。個別理解をするときの基礎・基本となる知識や認識と位置付けることができます。

一般的理解を深める目的は個別理解を適確に行うことです。教育に限らず、医療、福祉、司法等に係る一般的理解を深めておくことは、個別指導に役立つだけでなく、専門機関との連携を進める上で大きな成果を上げることが期待されます。

（表2）（表3）などを基に、「主な疾病・障害等」の一般的理解を深めていく努力が求められます。

(2) 一般的理解の留意点

　一般的理解の蓄積は教育相談の資質向上に拍車をかけますが，ときにマイナスのはたらきが生じることがあります。

　第一に，教師は教育のプロであっても，医療や司法の専門家ではないので，「あの子は○○障害だ」「保護処分が適当」などの診断・決定はできない，いや，してはならないということです。

　第二に，診断名を知ることで「○○だから仕方ない」「指導は無理」などと，偏見や差別をしてしまうことです。疾病・障害等に関する確かな知識は適切な支援の工夫や「二次問題」の防止には役立ちますが，過ぎたるは及ばざるがごとしの意味を肝銘する必要があります。

　第三に，「我こそはアセスメントのプロ」という傲慢な態度を育ててしまうことです。問題の背景を滔々と述べ，名探偵よろしく「あいわかったか」という態度をとる方には，ほんの少しの「謙虚さ」を望みます。

表2　理解を深めておきたい「心に関わる疾病・障害・行動特性」

疾病・障害名	障害等の分類／障害等の症状・行動の特徴
統合失調症	2002年，精神分裂病から改称。思春期から青年期にかけて発症しやすい。被害妄想，関係妄想等の主観的症状と対人接触の障害，自閉等の客観的症状がある。
適応障害	ストレスのため環境に適応できず，様々な心身の症状が表れる。
気分障害	抑うつ状態＝ゆううつ感・おっくう感・不安感，睡眠障害，日内気分変動 双極性うつ＝「躁鬱病」。Ⅰ型（うつと躁）・Ⅱ型（うつと軽躁） ＊原因による3型（心因性・内因性・身体因性） ＊重度による3型（精神病性・神経症性・重症うつ・軽症うつ）
不安症	パニック症＝激しい不安を伴い，動悸・過呼吸・手足の震え・発汗などが起きる。 強　迫　性＝何度も手を洗う，繰り返し火元の確認をする等，同じ行為を繰り返す。 恐怖性障害＝人，物，視線，高所等，特定の対象に対し危険・苦痛・恐怖を感じる。 ＰＴＳＤ＝外傷後ストレス障害。ショック体験等の後に不安や恐怖を感じる。
身体表現障害	「心気症」。自分の健康状態に過敏で，ちょっとした不調を重大に考え，不安がる。
破壊的行動障害	行　為　障　害＝動物虐待，いじめ，暴力行為，破壊等，反社会的行為を繰り返す。 反抗挑戦性障害＝規則への反抗，責任転嫁，無作法な振る舞い等の挑発的行動を繰り返す。
パーソナリティ障害 ＝青年期から長期にわたって持続する人格的な著しい偏り	境　界　性＝操作性・不安定な感情・要求の肥大化・両極端な人物評価が特徴的。 反社会性＝衝動性・攻撃性が強い。規範意識が極端に低い。責任回避の態度をとる。 自己愛性＝他人の評価に過敏。批判されたり関心を示されないと屈辱感を感じる。 演　技　性＝服装や話し方で注意を引こうとする。他人の影響をうけやすい。 依　存　性＝他人に過剰に依存し，認められないことを恐れる。一人を不安がる。 回　避　性＝対人関係を極端に避ける。すぐに「自分は嫌われている」と思う。 強　迫　性＝こだわりが強く融通がきかない。完全主義で特定の対象にのめりこむ。

	統合失調質＝人間関係に無頓着。感情表出が乏しい。孤立しがちとなる。 妄想性＝他人の言動を悪い方に疑う。侮辱を感じると恨みを抱く。攻撃的となる。 統合失調型＝親密な関係がもてない。認知のゆがみや奇妙な言動が目立つ。
発達障害 自閉症, 学習障害, その他これに類する脳機能の障害	ＡＤＨＤ＝注意欠陥多動症。不注意, 衝動的, 落ち着きのなさが特徴。 ＳＬＤ＝特異性学習障害。特定のものの習得・使用に著しい困難を示す。 ＡＤＤ＝注意欠陥症。注意力散漫（片付けができない）で落ち着きがない。 ＡＳＤ＝自閉症スペクトラム症。自閉症, アスペルガー症候群等に細分化していたものを一続きのものとして一括。
心身症 ＝身体疾患の中で, その発症や経過に心理的・社会的因子が密接に関与する病態	過喚気症候群＝速く深い呼吸が起こり, やがて手や指の痙攣が生じる。 自律神経失調症＝倦怠感, 息切れ, 頭痛などの身体的な不定愁訴を繰り返す。 過敏性腸症候群＝下痢, 便秘, 交代性便通異常などの症状が表れる。 片頭痛＝緊張やストレス等に誘発され, 慢性的に頭の片側が痛む。 緊張性頭痛＝ストレス等が原因で, 後頭部を中心に頭痛が起きる。 ＊その他, 心因性発熱, 神経性胃炎, 円形脱毛症, 摂食障害, 十二指腸潰瘍など。
心理的原因が考えられる言動	神経性習癖＝指しゃぶり, 爪かみ, 性器いじり, 抜毛等の行為を繰り返す。 チック＝目をパチパチさせるなどの無目的・突発的な不随意運動や首かしげ, しかめ顔などの習慣的行動。 場面緘黙＝特定の場所で, 全く言葉を発しない。 掻破行動＝体の一部をひっかく行動。「心のかゆみ」 ＊その他, 自傷行為, 心因性虚言, 汚言癖など。
その他	HSC（ハイリー・センシティブ・チャイルド）＝何に対しても非常に敏感な子

表3　児童生徒に見られる特徴的な言動

特徴的な言動	言動の意味・原因・背景等
あがり	成功への期待感と失敗への恐怖感から動悸・発汗・震え等の自律神経系の過剰興奮状態が起こる。
あまえ	愛されたい・依存・一体感を求める欲求。
アンビバレンス	同一の対象に対して, 相反する感情を抱く。
遺尿	器質的遺尿（失禁）でない場合は, ストレスを感じたり, 何かに夢中になっているときに起こる。
過剰適応	自分の欲求より, 周囲の期待に応えたり, 周囲の欲求を満足させることを優先させる。
完全癖	完全に物事をやり遂げようとする。不完全・失敗の場合, 挫折感を強め, 同じ行動を繰り返す。
虚言	葛藤場面からの逃避, 合理化, 自己顕示, 欲求充足等, 様々な心理的要因からの虚言（うそ）は多い。
固執行動	ある行動をした時, それがいつまでも心に残り, 状況が変化しても次の行動に移れない。
疾病利得	精神的・身体的な症状を示し, 何らかの利得を得る。
醜形妄想	自分の容姿が醜いと思い込み, 深く悩む。
摂食障害	拒食・小食・異食・過食等の摂食行動に関する異常。
注意引き行動	関心や注意を向けて欲しいための, 対象者に示す意識的・無意識的な自己顕示行動。
乗り物酔い	心身の過剰な緊張から, 様々な刺激に敏感となり, 自律神経が変調をきたし, 吐き気などが起こる。
分離不安	愛着の対象から離れる時に示す不安反応。
燃尽き症候群	突然それまでの意欲を失い, 無気力化してしまう。
予期不安	たまたま失敗した状況に再び直面しなければならない時, またはそれを想像しただけで感じる大きな不安。

7 児童生徒理解3 ― 発達段階の理解

(1)「発達」と発達段階

「発達」とは，成長してそれぞれの「完全」な形態に近づくことを意味します。

発達の段階は，【乳児期】満1歳まで。周産期（妊娠29週から出生後7日まで），新生児期（誕生から生後28日まで），乳児期（新生児期以降満1歳まで），【幼児期】小学校就学前まで，【児童期】小学生の時期，【思春期】小学校高学年から中学生期，【青年期】，【中年期】，【壮年期】，【老齢期】などのように，それぞれの時期の大まかな特徴に注目して分けられています。

また，成長を続ける「それぞれ」に着目すると，脳の発達，情緒の発達，道徳性の発達のように，その対象によって多くの「○○発達」が考えられます。『生徒指導提要』では，知的発達，情動的発達，社会性発達を取り上げています。教育相談を進める際には，児童生徒の発達の状況をアセスメント（査定・評価）する必要が生じることがあります。発達段階についての知識・認識が求められます。

(2)「発達」の特徴

❶ 発達の「適時性」

発達心理学の本にはしばしば「アベロンの野生児」（1800年にフランスで発見）や，カマラとアマラと名づけられた「狼に育てられた少女」（1920年にインドで発見）の逸話が紹介されています。年齢に応じたしつけや教育がなされないと，言語や生活様式等，「人として生きていくための能力」を獲得できないことの好例です。

発達には「適時性」があることが知られています。適切な思考や行動

様式等を身に付けるには、それに適した時期があるとの考え方です。先の2事例で言えば、人間と隔絶された環境の中で、食べ方や話し方などを習得する適時性を逃してしまったことになります。このように、「発達」とは、生を受けた後、社会的な自己実現を図るまでの間、その目標達成のための能力・資質を、その時々に獲得していく過程であるといえます。

❷ 発達の「順序性」

発達には「順序性」があります。より好ましい行動様式修得へと向かう連続的で不可逆なものです。立ち上がれるようになり、よちよち歩きへ進みます。その逆はあり得ません。

❸ 発達の「顕著性」

思考・判断・情緒等をつかさどる前頭前野といわれる脳の一部は、前思春期に最大値に達すると言われます。このように、ある時期に顕著に発達を遂げることを「顕著性」といいます。ハヴィガーストの「発達課題」(各発達段階で習得しておくべき課題)は、この顕著性に注目したものと思われます。

(3) 発達課題の考え方

「発達課題」とは、乳児期では歩行や言語の獲得のように、「それぞれの発達段階で習得しなければならない課題」のことです。

ハヴィガーストは、①乳幼児期(歩行の学習等)、②児童期(読み、書き、計算等の基礎的技能の発達等)、③青年期(経済的自立に関する自信の確立等)、④壮年初期(子どもの養育等)、⑤中年期(市民的社会的責任の達成等)、⑥老年期(配偶者の死への適応等)、6期の発達課題を挙げています。また、エリクソンは、乳児期(基本的信頼)、幼児前期(自律性)、幼児後期(積極性)、児童期(勤勉性)、青年期(同一性)、初期成人期(親密性)、成人期(生殖性)、成熟期(統合性)の8期に分け、発達課題の否定的な側面も示しています。

（4）発達課題ごとに重視すべき課題 ― 徳育を例に

　子どもの徳育に関する懇談会報告「子どもの徳育の充実に向けた在り方について」（平成21年，文部科学省）では，「子どもの発達段階ごとの特徴と重視すべき課題」の章を設け，次のような提言を行っています。
（要約）
　①乳幼児期：愛着の形成，人に対する基本的信頼感の獲得，基本的な生活習慣の形成，自己肯定感の獲得等
　②学　童　期：善悪の判断や規範意識の基礎の形成,情操の涵養,自他の尊重の意識や思いやりなどの涵養，自己肯定感の育成等
　③青年前期：自己の在り方の思考，法・きまりの意義の理解や公徳心の自覚，自立した生活を営む力の育成等
　④青年中期：個性伸長，主体的進路決定，社会の一員としての自覚

（5）発達段階による指導法 ― 基本的生活習慣を例に

　基本的生活習慣には，排便・排尿や衣服の着脱の「身辺的生活習慣」，生活リズムや整理整頓等の「個人的生活習慣」，あいさつや約束の遵守等の「対人的生活習慣」，社会規範や法令に従う等の「社会的生活習慣」に分けられます。基本的生活習慣の指導法で配慮しなければならないのは，発達段階による「指導のねらい」と「指導のポイント」です。

　乳児期では，子どもに基本的信頼感を体得させることが重要です。このねらいを達成するには，「十分愛する」ことが求められます。

　幼児期では「しつける」ことに重点を置き，基本的生活習慣の確立を目指します。児童期に求められるのは「教える」ことによる，基本的生活習慣の強化です。

　思春期では「考えさせる」指導法を増やし，基本的生活習慣の汎化をねらいとします。青年期はそれまで培われた基本的生活習慣を基盤に自己指導力を向上させる段階となります。指導のポイントは「任せる」ことです。

表4　基本的生活習慣の指導

発達段階		乳児期	幼児期	児童期	思春期	青年期
基本的生活習慣の確立指導のねらい		基本的信頼感	基習慣の確立	基習慣の強化	基習慣の汎化	自己指導力の向上
指導のポイント		愛する	しつける	教える	考えさせる	任せる
習得を目標にする時期	身辺的	◎	◎	○	○	
	個人的	—	—	—	—	—
	対人的		◎	◎	○	
	社会的			○	○	◎

（◎＝最適時期　○＝指導時期）

8　児童生徒理解4 ―「みる」ことによる理解

(1) 多様な「みる」が心を「みる」

「『みる』という漢字を思いつくだけ書いてください」。教育相談の研修会でよくやってもらいます。「見る」「観る」はスラスラ書けます。ちょっと頭をひねって「視る」「診る」が登場。う〜んと唸りながら「看る」に気づく人がいます。

ここまでできたら「合格」です。通常「相る」までには考えが及びません。ただし、「手相はやはり会話が大事」と再認識し、教室での見る・観る・視る・診る・看るに「相る」を加える必要はありそうです。気になった児童生徒には、一声かけることが重要です。

(2) 非言語コミュニケーション

「目は口ほどにものを言い」等、「ことばにならざることば」で相手の気持ちさえ理解することがあります。この「非言語コミュニケーション」は、これまで多くの人が研究しています。その一人、マジョリー・F・ヴァーガス[1]は人体（年齢、体格等）、動作、目、周辺言語、沈黙、身

体接触，時間，色彩の9つを挙げています。
　よく似た言葉にボディランゲージ（身体言語）があります。動作や表情から，「慌てている」「不安そうだ」などと感じることは多々あることと思います。このような情報豊かな非言語メッセージは，児童生徒理解にも大いに役立ちます。

（3）メラビアンの法則

　アメリカの心理学者メラビアンの実験は，「人は見た目が90％」のような俗信を生み出していますが，正しくは「矛盾したメッセージを同時に与えられた時，言語，周辺言語，表情の影響の度合い」を示したものです。言語（言葉）7％，周辺言語（イントネーション等の言い方）38％，表情（動作・しぐさを含む）55％という数字が一人歩きしているようです。
　しかし，「表情からの判断」の重要性を示していることには間違いありません。いじめ問題が発生すると，決まって教師の感性・感度が「戦犯」として取り上げられます。言語情報や聴覚情報への目配り・気配りと同じように，視覚情報にも敏感でありたいものです。

（4）「制服感情」の理解

　スカートの丈やワイシャツの着方に日々「格闘」する教師の言い分は，「外見を正さないと内面の改善はない」との確信です。それを裏付けるのが，これまでの長い「格闘の記録」と「制服感情」です。
　「制服感情」とは，制服を着ることによって，その制服にふさわしい使命感や職責遂行意欲が高まるというもので，誰もが経験していることと思われます。派手な服装で奇声を発していた女子高生が，アルバイト先の制服を身にまとうなり，「いらっしゃいませ」等の礼儀正しい言葉遣いへと大変身する姿には狐につままれたような気持ちを味わいます。
　身に付ける物，持ち物等も含め，「制服感情」の理解が求められます。

(5)「空間距離」

一人一人がもっていると考えられる「占有空間」のことをパーソナル・スペース（個人空間）と言います。これも非言語コミュニケーションに含まれます。

パーソナル・スペースは，相手との距離，位置関係，顔の向き等から非言語の情報を得ることができます。『人と人との快適距離』（渋谷昌三）[2]には，「効果的な説得は50cm」（説得の仕方により異なる）等の具体例が多数紹介されています。児童生徒や保護者との面談においても，位置，距離，視界に入る風景等，濃やかな配慮をすることが大切です。

参考文献
1）マジョリー.F. ヴァーガス『非言語コミュニケーション』新潮社，1987年
2）渋谷昌三『人と人との快適距離』日本放送出版協会，1990年

9 児童生徒理解5 ―「きく」ことによる理解

(1)「聴く」ことを通した児童生徒理解

「聴」という字は「耳」「真」「心」に分けられます。「真心」をもって，「耳」を傾けることが「聴く」ことの真骨頂なのです。しかも「聴」は，児童生徒理解を深めるだけでなく，児童生徒の内省を促したり，不適応感や反抗心等を解消したりするなど，教育相談の基盤となっています。

ところが，教師の「しゃべり好き・しゃべり過ぎ」はつとに有名です。児童生徒の言い分を聴く前に，お説教が始まることがあります。これでは話を続けるエネルギーは乏しくなるばかりです。真剣に話を聴いてもらえると，「もっと話したい」という気持ちが高まります。「もっと聴き

たい，もっとわかりたい」と応えたいものです。

（2）「聴く」ときの諸条件

❶ ラポールの形成

ラポール（ラポート）とは，「温かな人間関係」を築くことで，話を聴くに当たっての第一条件です。緊張感や不安感をほぐすことに努め，「この先生にだったら，何でも安心して話せる」という雰囲気を醸成することが大切です。

❷ 場面構成

面接の3原則とは「人・場・時」のことをいいます。「誰となら話せるか」は大事なポイントです。「私はプロだから」と面接役を買ってでるのはかまいませんが，児童生徒の意向を確認することが大事です。被災地を訪れた専門家が苦労したのはこの点です。多くの児童生徒は「遠くの専門家より近くのセンセイ」を選んだのです。

場所は校庭の隅でも廊下でも，どこでも良いのですが，話の内容によっては，秘密の保持や安心・安全を配慮した落ち着いた所を選択する必要があります。

時間の原則も重要です。「まずは相手の都合を尋ねる」。一般社会では常識ですが，保護者に来校を求める際など，この常識を平気で破る例が散見されます。会う時間（時刻・時間帯）の約束とその厳守は，面接の場面構成の第一歩です。

❸ その他の留意点

話を聴くときの位置関係や二者間の距離も大切です。かつて「安心して話ができると感じる距離」を調べた教師がいましたが，その時の結果は50～60cmだったそうです。ちょうど，「膝を交える」「膝を突き合わせる」距離ということでしょうか。

対面する，90度の向きになるよう座る，横に並ぶ，立ち話をするなど，児童生徒との位置関係にも留意することも大切です。

目の前でメモをとることに集中し,「話を真剣にきいてくれていない」と思わせるような態度は厳禁です。このような「傾聴」の基本的配慮は,教育相談というより,いわゆる「常識」です。「子どもだから」というような姿勢は,そもそも教育相談の「心」からかけ離れています。

(3)「聴く」ときの基本姿勢

両親の不仲を訴える女子中学生の相談事例を基に,「話を聴く」基本姿勢についてまとめてみましょう。

教師①:個人ノートに書いてあった「最悪」の一言,とても気になったんだけど,ちょっと時間取れるかな。
A子①:ええ。(沈黙)でも,別にいいですけど——。
教師②:べつに,いい——。
A子②:う~ん。ただ,面倒な話だし——。(沈黙)
教師③:話したくらいじゃ解決なんかしないってことかな。
A子③:学校には関係ないことだし——。それに——。(沈黙)
教師④:それに——。
A子④:先生,まだ独身でしょ。
教師⑤:確かにその通りだけどさ,独身32年のベテランだぞ。
A子⑤:う~ん——。結局ね,夫婦の問題なのよね。
教師⑥:そぉ——。お父さんとお母さんのこと。
A子⑥:毎日言い争い。馬鹿みたい。みっともなくて——。
教師⑦:うん,うん。
A子⑦:テレビ見ようってすると,きまって。
教師⑧:落ち着いて,テレビ見られないよな。
A子⑧:テレビなんか,どうでもいいんだけど。(沈黙)
教師⑨:テレビどころじゃなくなっちゃうんだ。

第2章　教育相談の基本姿勢

> A子⑨：くだらないんだもの。お金がどうの，家計がどうのって。
> 教師⑩：ふ～ん。そうなんだぁ。
> A子⑩：この間なんか，「うるさいよ」って言ったら，「お前は黙ってろ」って怒鳴られるし——。
> 教師⑪：心配して言ってるのにねぇ。
> A子⑪：……（沈黙）離婚の話までしてた。
> 教師⑫：離婚の話かぁ。
> A子⑫：お母さんがいけないのよ。何でも命令調だから。
> 教師⑬：うん，うん。お父さんはカチンときちゃうのかな。
> A子⑬：お父さんもお金にだらしないし。どっちもどっち。
> 教師⑭：どちらの方が悪いというわけではない——。
> A子⑭：やっぱ，両方悪いよ。毎日だし。弟だって。
> 教師⑮：弟さんにも同じような辛い思いをさせているんだ。
> A子⑮：（長い沈黙）だから，私グレてやろうかって——。
> 教師⑯：随分思いつめているんだ。（沈黙）でもさ，グレちゃうなんて言わないでよ。心配しちゃうじゃない。

　この例では，教師がA子の話を傾聴する中で，A子は家庭の問題まで話し始めています。教育相談の好例としても参考になりますが，聴くことで教師のA子理解が深まっていく様子がよくわかります。児童生徒理解と教育相談のねらいは軌を一にしているのです。

【ラポール】面接の開始に当たって，「理由をはっきり告げること」や「相手の都合を尋ねること」は，ラポール作成の秘訣です。［教師⑤］のように，ユーモアを交えることも気持ちをほぐすには有効です。

【傾聴】この逐語録からは，教師がA子の話を批判・反論することなく

真剣に聴く姿勢がよくわかります。

【受容】受容とは心理的事実をありのままに受け止めることです。［教師⑦］［教師⑩］［教師⑬］のように，「うん，うん」「そうなんだぁ」などと相槌を打ちながら聴いているので，Ａ子は安心して話しています。

【繰り返し】［教師②］［教師⑫］では，教師はＡ子の言葉をオウム返ししています。これを「繰り返し」といいます。全く同じ言葉であっても，再度耳にすることで，自分の考えや気持ちを深めることができます。特に，内容の深まりが予測されることを繰り返すと一層効果的です。［教師④］はその一例です。

【要約】話が一段落したらその発言をまとめることを「要約」といいます。考えや思いを焦点化しやすくなるという効果があります。

【明確化】言葉にはしていない気持ちを短い言葉で返すことが「明確化」です。［教師③］［教師⑪］［教師⑮］［教師⑯］にその試みが感じられます。しかし，要約や明確化にばかり気をとられていると最も大切にしなければならない「傾聴」がおろそかになることがあります。これでは本末転倒です。さらに，誤った「要約」「焦点化」という失敗を犯すことがあります。本事例でも［教師⑧］は，Ａ子の気持ちを言い当ててはいないようです。

【沈黙】［Ａ子②］［Ａ子⑪］は，話してよいかどうか迷っての「沈黙」のようです。［Ａ子⑮］の沈黙は，共感してくれる教師への感謝と甘えの気持ちから，次の言葉を探していたのかもしれません。「沈黙」には様々な意味があります。性急に発言を促すことなく，心の中を洞察することが大切です。

【訊く】この逐語録には登場しませんが,「訊く」ことも重要な児童生徒理解の手法です。「きく」重要性は「聴く」がことさら強調されますが,常に「聴く」ではお互いに疲れてしまいます。時には「聞く」であってもよいのです。「訊く」の効用は「聴く」にひけをとりません。「ブリーフセラピー」や「コーチング」の項を参照にしてください。

10 児童生徒理解6
― 「探る」ことによる理解

(1) 無意識の世界

　私たちの心の中は,「意識」「前意識」「無意識」から成り立っていると言われます。「意識」は現に感じている心の世界ですが,それを蓄えておく心の場所を「無意識」と呼びます。「前意識」とは,無意識の中でもすぐに「意識」に取り出せる部分を言います。

　無意識の世界を知ることは,児童生徒理解の深化につながるだけでなく,隠された問題の元凶を発見するなどに役立つことがあります。精神分析では,夢の分析や自由連想法等を使って,無意識の世界を探ろうとしますが,学校では日常の観察や調査・検査を主な手段としています。

　「隠された心」を知る観察のポイントは,児童生徒の「間違い行為」と「防衛機制」です。どちらも日常の何気ない言動の中に,ひょっこりと顔を出すことがあります。これを見逃さない力を付けることが大切です。「理論を読み,観察をつづけることによって,次第に目が肥えてくる」と言われます[1]。

　地道な努力を続ける必要があります。

(2) 間違い行為・言い間違え

　物忘れ，言い間違え，書き間違いなど，一見偶発的なことにみえても，心の奥底では，間違うことを望んでいることがあります。これが「間違い行為」です。間違い行為の大半は単純ミスと考えられますが，無意識の心がうっかり顔をのぞかせる経験をすることがあります。

　甥の結婚式でのことです。長い主賓あいさつに続いて「両家の来賓あいさつ」が控えていました。このとき「事件」は起こりました。司会者が「両家より食事（祝辞の誤り）をいただきます」と「言い間違え」たのです。空腹に耐えていた参列者の爆笑を買ったのは言うまでもありません。

　このような「うっかり本音」は学校でも散見されます。朝のあいさつが「さようなら」等の場面は見逃さないようにしたいものです。

(3) 防衛機制のしくみ

　自分の感情を無意識の世界に押し込めてしまうことを「抑圧」と言います。悲しい・辛い・恥ずかしいなどの感情は，できれば味わいたくないので，しばしば「抑圧」の対象になります。しかし，中にはこの「抑圧」をすり抜けて，本質を変えて「意識」されることがあります。この心の動きを「防衛（適応）機制」

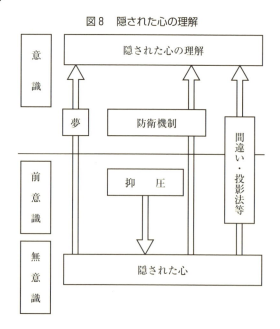

図8　隠された心の理解

と言います。

　通常は，このような言動を文字通り受け止めてしまいますが，このカラクリを知っていると，見事な「変身」も見破ることができます。

　防衛機制には次のようなものがあります。

【置き換え】 受け入れ難い感情を，より受け入れやすい対象に振り向けること。父親に体罰を受けた生徒が，反発心を自分より弱い立場の生徒に向けたり，級友への攻撃感情を小動物いじめで解消するなどの例がある。

【合理化】 もっともらしい理由をつけて，自らの失敗や欠点を正当化しようとすること。イソップ物語の「狐とすっぱい葡萄」の話で説明されることが多い。

【昇華】 満たされない願望をより価値のあるものに変えること。学業成績に劣る子がスポーツの世界で大活躍する等の例がある。

【逃避】 登校寸前になって腹痛を訴えるが，原因は見当たらない，さりとて仮病でもないといった場合，その子は「学校に行きたくない」ために，逃避の手段として，腹痛の症状が表れたと考える。

【退行】 現実から逃避してより幼いときの状態に戻ろうとすること。いわゆる「赤ちゃんがえり」。

【投影・投射】 認めがたい感情を他者の感情とみなすことで，罪悪感や責任感から逃れようとすること。「うちの子，私のことが嫌いで」と話す母親が，実は自分が我が子を嫌っていた例がある。

【取り入れ】両親の期待を先取りする「良い子」に見られるように、他者の態度・行動を自分のものとすること。

【反動形成】本当は好きなのにわざといじわるするように、自分の気持ちとは相反する態度・行動をとること。

【感情転移】幼い頃の親などに対する感情を別の対象に向けること。親の愛着が不十分だった子が、「愛情飢餓」の充足を求めて教師に甘えるなどの例がある。

（4）調査・検査による心情理解

　個人情報保護や児童生徒の人権尊重の観点から、学校において調査や検査が実施されることは少なくなりましたが、調査・検査法の歴史は古く、妥当性（的確な測定）や信頼性（結果の安定）に優れたものも数多く作成されています。

　アセスメント（査定・評価）の手段として、児童生徒理解に役立つものも少なくありません。実施方法や解釈・活用が簡便になっているものもあります。問題の未然防止・早期発見に資するものはもっと活用が図られて良いと思います。

　実際の調査・検査については、第２章４節「教育相談の『技』（スキル）」を参照してください。

（5）作品の中のサイン

　作文や絵画等の作品には、「子どもの心」がぎっしり詰まっています。感じとれるサインは小さくとも、それをきっかけに対話をする中で、大きな問題を察知できることがあります。教師に求められるのは、そのサインを逃さない感性・感度です。

　作文や日記を読むとき、一つ一つの文字や文章の流れから、子どもの

息遣いを感じることがあります。踊る文字や弾んだ表現からは，歓びあふれる表情が手にとるようにわかります。逆に，小さな文字や弱々しい筆圧からは，寂しげな姿が目に浮かぶことがあります。

　絵はより直截的です。描く対象物，位置，構図，色合い等，判断材料が豊富です。画面の左隅だけを使って描いた女子中学生からは家庭での葛藤が判明しました。画用紙の上部5分の4を黒い雲で覆った風景画を描いた小学生男児には，過干渉・過支配的な母親への反抗心が芽生えていました。運動会の絵で自分の姿を画用紙の裏面に描いた小学生女児は，その直後から登校しぶりが始まりました。

　このような情報は担任が気づくとは限りません。学校には多くの「目」があります。気になったサインを把握したら，情報交換を密に行うことが大切です。他の教職員から得た情報を基に，「ちょっと気になったんだけど，話を聴かせてもらえる？」などと声をかけると，児童生徒理解が深まるだけでなく，信頼関係が高まる効果が期待できます。

参考文献

1）米山正信『教師のための実例による精神分析入門』黎明書房，1995年
　・倉光修『カウンセリングの心理学』岩波書店，1999年

新訂版
教育相談 基礎の基礎
第 3 章

学校教育相談の組織的展開

1 管理職が率先する学校教育相談

管理職が行う学校教育相談充実への取組

❶ 学校教育相談への方針の明確化

　学校経営案に学校教育相談の位置付けを明確に示すことが大切です。どのような学校づくりを目指すのか，ビジョンを示し，そのための教育方針を学業・進路・社会・健康安全という4つの側面から，教育課程を編成するようにします。

❷ 管理職が行う教育相談

　指導に悩む教員の相談に応じたり，児童生徒の問題行動や保護者対応に悩む教員に助言を与えたりする（カウンセリング・コンサルテーション）等，率先垂範の姿勢が求められます。

❸ 同僚性を構築する

　同僚性とは，「同一集団において，その成員が相互に支援・連携・協働していこうとする人間関係が構築された状況」と定義されます。管理職は，日常的に教職員相互のコミュニケーションが高まるよう配慮するとともに，教育活動や研修会等を通した集団としての効力感を高める取

組を工夫することも重要です。

❹ 教育相談組織を整える

　一人のスペシャリストより，組織化されたチームの育成が大切です。教育相談担当者，特別支援コーディネーター，生徒指導主事等からなる教育相談体制づくりに尽力し，その組織を中核に，学校教育相談の一層の充実を図る必要があります。

❺ 地域等との連携・協働を調整する

　地域の教育資源を積極的に学校教育に導入するに当たっては，両者の間に入って円滑な連携・協働を進める調整役（コーディネーター）の役割に大きな期待がかけられています。地域や関係機関の方をよく知る管理職に最適な役割といえます。

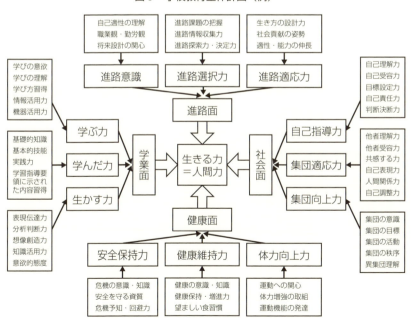

図9　学校教育全体計画（例）

❻ 条件整備を行う

校舎内に空きスペースや校庭の木陰にベンチを設置するなど，児童生徒や教師の「ふれあいの場」を設置したり，教育相談室や教育相談関連図書の整備を図るとともに，外部相談員の配置等，人的環境の整備も管理職の大切な役割です。

2 担任が行う学校教育相談

(1) 担任が行う学校教育相談の利点

「学級教育相談」という用語が初めて使われた書籍[1]では，「学級教育相談」を，「学級経営に基盤をおき，学級の全ての成員を対象とする，学級担任が中心となって全教職員が協力して行う教育相談」と定義しています。

担任は，学級（ホームルーム）活動等において教育相談を意図的・計画的に実施できるだけでなく，児童生徒とって最も身近な存在であるため，日常のチャンス相談や自主相談を進めやすい立場にあります。このため，担任による教育相談には次のような利点があります。

① 学級（ホームルーム）活動，道徳の時間，朝の会・帰りの会，給食指導，清掃指導を通して，児童生徒と接触する機会が多いため，児童生徒の発するサインを把握したり，悩みの相談を受けたりすることで，問題の早期発見・指導をすることができる。

② 学力テスト，生徒指導記録，家庭調査票，健康診断結果，作文や作品等，児童生徒の個人情報を活用する機会が多く，児童生徒理解を基にした相談を進めることができる。

③ 学級（ホームルーム）経営年間計画に，個人やグループでの定期相談，毎朝の「日直相談」，給食時のグループ相談，交換日記や班ノートに

よる「書くことを通した相談」，学級（ホームルーム）活動での構成的グループ・エンカウンターやソーシャルスキル教育等の位置付け等，担任の創意を生かした教育相談の展開が可能である。
④学級保護者会，家庭訪問，学級通信，個人連絡帳，親ノート等の取組により，保護者との人間関係を深め，協力を得やすい。
⑤グループ・ダイナミックスを生かして人間関係を改善する等，学級（ホームルーム）全体を見据えた問題解決を図ることができる。

（2）学級（ホームルーム）担任が行う学校教育相談

　年間を見通した学級（ホームルーム）における学校教育相談を計画的に行うには，時期別に学級（ホームルーム）の課題を検討し，その対応策を学級（ホームルーム）経営案に盛り込んでおく必要があります。次のような活動が考えられます[2),3)]。

【4月】人間関係の構築や学級（ホームルーム）のまとまりを目指して，学級（ホームルーム）活動や最初の保護者会で，構成的グループ・エンカウンターを行います。
【年間】交換ノートや班ノートは，ライティングメソッドとして「書くことによる教育相談」の効果が期待できます。日誌や清掃点検等へのコメントも大切です。また，日直と一緒に教室に向かう途中で行う日直面接や，給食時のグループ面接等も年間を通して行うことができます。
【定期】学校全体で行う「相談旬間」や「三者面談」，健康診断結果を基に行う健康相談，進路指導の一環として行う進路相談等は年間計画に従って実施します。
【随時】問題が生じた時には，必要に応じて児童生徒や保護者との相談（呼び出し相談・自主来談等）を行います。また，アンケートや調査の結果から，特定の児童生徒を対象にして個別相談を行ったり，学級（ホームルーム）の課題解決のためにソーシャルスキル教育等を実施するこ

とも，大切です。

> **参考文献**
> 1）北島貞一（編）『生徒の心に迫る学級教育相談』明治図書出版，1988年
> 2）北島貞一・清水勇（編著）『学級で活かす教育相談』ぎょうせい，2000年
> 3）有村久春『学級教育相談入門』金子書房，2001年

3 教育相談係の役割

（1）教育相談係の位置付け

　学校教育相談はあらゆる教育活動を通して実践されるものですが，その充実・活性化を図るためには，校内組織を整え，意図的・計画的に実践する必要があります。その中心的役割を担うのが教育相談係です。学校の種別や規模等によっても違いますが，教育相談係は次のような位置付けがされています。

❶ 教育相談部独立型
　部独自の方針に基づいて運営できるため，教育相談活動を活性化するには適していますが，他の分掌との連携が不十分であると「孤立」してしまいます。特に，担当者が熱心さのあまり，専門機関で行う治療的教育相談を真似た活動を行うことには注意が必要です。

❷ 分掌所属型
　生徒指導部，進路指導部，保健部等の分掌組織の一つの係として位置付けるものです。学校全体を視野に入れた取組が可能ですが，置かれた分掌によって重点を置く活動が異なるので，バランスのとれた運営を心がけることが大切です。

❸ 教育相談委員会型

　管理職，生徒指導主事，特別支援コーディネーター，養護教諭等で構成される例が大半です。学校教育相談を校内研究のテーマとしたり，学校教育相談の充実を教育目標の重点事項とした場合など，この形態をとると有効に機能します。

（2）教育相談係の役割

　「児童生徒の教育相談の充実について―生き生きとした子どもを育てる相談体制づくり」（文部科学省）では，学校における教育相談の充実には，「コーディネーター役として，校内体制の連絡・調整に当たる教育相談担当教員の存在が必要である」とした上で，その役割として，①児童生徒や保護者に対する教育相談，②児童生徒に関する情報収集，③事例研究会や情報連絡会の開催，④校内研修の計画と実施，⑤教育委員会や学校外の関係機関との連携のための調整及び連絡の5点を挙げています。

　教育相談担当者が特別支援教育コーディネーターを兼務する例も増えています。いじめの未然防止・早期対応のための役割にも期待がかけられています。これらも含め，教育相談係の役割をまとめると，以下のようになります。

❶ 児童生徒及び保護者への教育相談の実施

　いじめ問題や発達障害等での悩み・問題を解決するため，教育相談係がその専門性を生かして教育相談を行う。

❷ 教育相談室の管理・運営

　相談室の整備，使用に関する事務，情報収集書類の整理・保管，相談室の利用促進等，相談室の有効活用に努める。

❸ 学校教育相談の充実に資する活動

　校内研修会や事例研究会の計画・実施，外部研修会の情報提供，相談室たよりの発行等，教職員の資質向上を目指した活動や，児童生徒・保護者への啓発を行う。

❹ 校内組織及び専門機関等との連携調整

校内の分掌等との調整・協働を進め，教育相談全体計画の作成や定期面接の推進に努めるとともに，スクールカウンセラーや外部の専門機関等とのコーディネーター役を務める。

校内教育相談体制の構築

（1）教育相談体制構築の法的位置付け

「いじめ防止対策推進法」（平成25年）第16条第3項では，「学校の設置者及びその設置する学校は，当該学校に在籍する児童等及び保護者並びに当該学校の教職員がいじめに係る相談を行うことができる体制（次項において『相談体制』という。）を整備するものとする。」と定められています。

教育相談体制の充実については，これまでも問題行動等に関わる文部科学省通知の中で度々提言されてきました。

問題の早期発見や適切な対処のためには，全校の教育相談体制の充実が欠かせないとの認識です。

「いじめ防止対策推進法」は，法令上，相談体制の整備を明確に位置付けたという点で画期的であるといえます。

（2）分掌主任等の役割

❶ 生徒指導主事

生徒指導と教育相談の機能はほぼ重なっています（重複）。生徒指導主事は教育相談係と緊密な連携を保ちながら，積極的生徒指導（開発的教育相談），適応生徒指導（予防的教育相談），問題解決的生徒指導（問題解決的教育相談），再発防止的生徒指導（再発防止的教育相談）を推

進することが求められます。

❷ 教務主任

　学校教育相談に関する教務主任の役割は，教育相談係の連絡・調整機能と重なります。学校教育相談の全体・年間計画は，教育課程に基づき，教務主任が中心となり，教育相談係と各分掌の責任者との三者が協力して，企画・運営する必要があります。

❸ 進路指導主事

　キャリア教育の重要性が高まるにつれ，自己理解の深化，進路適性の発見，情報選択・活用能力の育成，進路意識の醸成等，進路相談の役割が増してきました。児童生徒一人一人の自己実現を支援するため，進路指導と教育相談の一層のコラボレーションが求められています。

❹ 養護教諭

　学校教育相談の進展に，養護教諭の果たした役割は計り知れません。保健室が教育相談センターの役割を果たしている学校も少なくありません。以下はその機能の一部です。

　1）健康教育の一環としての個別・集団指導・支援

　「児童生徒が自らの心身の健康の保持増進を図るために適切な行動がとれるよう援助する」ヘルスプロモーションの考え方は，開発的教育相談の重要な一翼を担っています。また，健康診断結果に基づく「健康相談」等の個別指導・支援も，健康教育の一つとして重要です。

　2）問題の早期発見・早期指導

　養護教諭が問題の徴候をいち早く把握できるのは，心身の疾病等への造詣が深いだけでなく，教育相談の「心」を活かした対応ができる方が多いためと考えられます。保健室そのものが「安心・安全」を実感できる「場」として整備されていることも重要な要件です。

　3）問題解決的教育相談の推進

　養護教諭が問題解決的教育相談を積極的に推進している例は多々あります。今後は，その位置付けを明確にするとともに，相談機能の充実を

目指した保健室の整備，養護教諭対象の研修の充実，複数配置を視野に入れた職務の見直し等の課題を解決していかなければなりません。

5 授業に活かす教育相談の「心」と「技」

（1）授業者の行う学校教育相談

　授業は時間的にも心理的にも，教師と児童生徒及び児童生徒同士の「ふれあい」が深まるときです。それだけに教育相談の機能が十分活かされることが期待されます。授業者は，担任や養護教諭と並ぶ学校教育相談の重要な担い手であると言えます。

　学校教育相談関係者の間では，この点に早くから注目が集まり，「教育相談を授業に活かす」等を主題とした研究が数多く発表されています。当初は，①「教育相談の心」（カウンセリングマインド）を授業の中でどう活かすかが主流でした。

　最近では，これに加え，②コミュニケーション能力の向上にアサーショントレーニングを取り入れる等，教育相談のスキルを援用しようとする動きが活発になりました。

　さらに，③授業において教育相談そのものを実施する取組も見られるようになりました。児童生徒の個々の特性を理解し，それに応じた支援法を行うことは，特別支援教育への理解が深まるにつれ定着していきました。これに伴い，特定の児童生徒への配慮が，すべての児童生徒にとっての学びやすい環境づくりにつながるという，授業のユニバーサルデザインの考え方も広がりました。

（2）教育相談の「心」と「技」を活かした授業

　様々な授業観察法・分析法が開発され，教師の児童生徒への接し方や

授業の進め方が，教育相談の「心」の面から分析され，受容，共感，尊重，関与，支援等，教師に求められる姿勢が明らかにされました。

「肯定的にみる」「勇気づける」「子どもの立場に立つ」などの姿勢は，授業に限らず，すべての教育活動において大切にされなければなりません。教師の基本的資質の中でも重要な位置を占めています。表5「教育相談の『心』を活かす授業77」で取り上げた具体的言動例は，「技」より「心」を活かす場面が多くなっています。

一方，教育相談の技法を授業の中にどう取り入れるかの研究や実践も進んでいます。

跳び箱や水泳の授業の際に，恐怖感や不安感を取り除くために活用する感受性訓練，道徳の授業におけるロールプレイングやロールレタリング，学級（ホームルーム）活動での構成的グループ・エンカウンター等，

表5　教育相談の「心」を活かす授業77

	段　階	教師の言動（配慮したいこと）
1	指導案作成	児童生徒の一人一人の特技等を熟知し，質問場面等を想定しておく
2		児童生徒の席で作成し，黒板の見え方等をチェックする
3	教材等準備	配慮を要する児童生徒への視覚用教材等を準備する
4		発達段階や児童生徒の修得状況に応じた教材・教具を工夫する
5	授業前	心身の状態を良好に保ち，教師自らが授業を「楽しみに待つ」
6		授業で使用する教材等を点検する
7	出欠の確認	児童生徒と目を合わせながら，正確な名前で呼ぶ
8		返事や表情をチェックし，気がかりな点は早期に対応する
9		黒板の清掃など，教室内の美化に努めた児童生徒に礼の言葉を述べる
10		室温・照度・換気・黒板への光の影響等に気を配る
11	導入時	授業のねらいを板書し，本時のねらいを周知する
12		落ち着きのない雰囲気があるときは，集中するよう指導する
13		視覚的な教材や興味ある話題等，関心・意欲を高める工夫をする
14		「このくらいの声で聞こえるかな」などと声の大きさを確認する
15		自分の体験を話すなど，授業に意欲的に取り組む雰囲気を醸成する

16	示範・模範	児童生徒を模範として指名する時は，本人の承諾を得る
17		教師自らが具体的に示範するが，できない場合にはその理由を伝える
18	発問	ゆっくりとわかりやすく発問し，児童生徒の考える時間を十分とる
19		全体への発問とともに，発言の少ない児童生徒に個別の発問を工夫する
20	発言者の指名	「閉ざされた質問」を用意し，全員が挙手する機会を意図的に設ける
21		「わかる人」「できる人」という言い方でなく，「話したい人」等と尋ねる
22		指名されることを嫌がっている様子の児童生徒を無理に指名しない
23		指名するときは，ニックネームなどでなく正しい名前で指名する
24	発言の聴取	誤った答えを即座に否定したり，全面否定したりしない
25		挙手しない児童生徒には机間指導の際にさりげなく声をかける
26	発言の発展	発言内容をすぐに教師の言葉でまとめない
27		話し合いのルール(賛成・少し違う・別の意見等)を守らせる
28	評価・感想	良い点を見出し，具体的に誉める
29		「結果」よりも「過程」での努力・進歩を認める
30		教師が「当たり前」と考えてしまうことでも，「小さな進歩」と捉える
31	注意・叱責	私語等授業を乱す言動は，全体への注意喚起の後に個別に指摘する
32		授業妨害や他の児童生徒の安全を脅かす行動には厳しく対処する
33		アイ(私)メッセージで，教師の願いを伝える
34		罰を与えたり，無理に反省を求めるより，責任の取り方を考えさせる
35	個に応じた指導法	個に応じた指導や特別な支援ができる場面を設ける
36		注意引き行動等を示す児童生徒に対しては，授業後に個別指導を行う
37		「繰り返し指導」等，個に応じた指導方法を修得する
38	個別理解の深化	表情に注目し，授業後の個別指導に活かす
39		「言い間違え」や「書き間違え」に気づき，授業後の個別指導に活かす
40		文字の書き方(大きさや筆圧等)や作品から個別理解の情報を得る
41		座席表を使った観察記録等，個別理解の基となる記録をとる
42	作業・実習	児童生徒一人一人のペースを尊重するとともに，別に時間をとる工夫をする
43		児童生徒と共に作業する機会を増やし，教育相談の成果を求める
44	協同学習	協同学習の意義を教師自らが理解し，「教える」ことにも配慮して実施する
45		発達段階や集団の凝集度等にも配慮した課題を選択する
46		孤立しがちな児童生徒への配慮等，集団内での問題には介入する
47	集団活動	観察や自己評価等を通して人間関係を把握する
48		個人の功績より相互の認め合いを評価し，集団効力感を高める
49		一人一人が役割をもてるようにし，自主的に取り組むよう促す
50		個人の問題があった場合に，「連帯責任」をとらせない

51	机間指導	用具の準備状況や学習への取組姿勢を確認する
52		学習の理解の程度を確認する
53		身の回り品の整理整頓状況等，周囲の環境に配慮する
54		同じ目線の高さで話す
55	教材・教具	ワークシート等を工夫する
56		教育機器を効果的に活用する
57	学習形態等	授業（目標・内容・進め方）によって座席の配置に留意する
58		授業（目標・内容・進め方）によって適切な学習場所を選択する
59	質問・要求	質問の内容を明確にするため，繰り返しや要約を適切に行う
60		授業の進行を妨げるような身勝手な要求はきっぱり断る
61	技法の活用	調査，テスト等を適宜活用する
62		ソーシャルスキル教育等，教育相談の技法を適切に活用する
63	作品等返却	採点の「○や×」の付け方に留意する（例：残念という気持ちの表明）
64		努力や進歩を認めるコメントを添える
65		受け取るときの様子により個別に指導する
66	終了時評価	自己評価の低い児童生徒には励ましのコメントをつける（声をかける）
67		授業の在り方や指導の仕方への批判があったときは，真摯に応える
68		学習集団（学級等）全体の良かった点を見出し誉める
69		授業をやり終えた達成感など，教師の喜びを伝える
70	終了時	終了時刻を守る
71		延長の必要性・可能性がある場合は，児童生徒の了解を得る
72		次回の授業への意欲をもたせる
73	終了の直後	授業時間中に起こった問題・発見した問題は情報提供して早期に解決する
74		終了直後の質問は別の意図がある場合があることに留意し真意を確かめる
75	授業終了後	個別指導の必要性が生じた児童生徒の支援・指導を行う
76		作品，ノート，評価票等からサインを発見する
77		作品等には勇気づけの言葉を添える

　その成果は枚挙にいとまがありません。
　また，特に教育相談を意識しなくとも，細かなステップを踏んでの段階的指導のベースには行動療法の考え方が活かされていたり，児童生徒と共に活動することが，遊戯療法や作業療法の効果を生み出していることがあります。

（3）学校教育相談の機能が活きる授業

児童生徒同士及び教師と生徒との人間関係の深化（開発的），発達障害のある児童生徒への個別的配慮（予防的），いじめに悩む児童生徒へのグループダイナミックスを見据えた協同学習（問題解決的），不登校を克服した児童生徒への適応指導（再発防止的）等の例が示すように，授業は学校教育相談の4機能が発揮される重要な機会です。

授業は児童生徒が確かな学力を身に付ける時間です。すべての教師が授業力を高め，真摯に取り組まなければなりません。加えて，自己指導力の育成，道徳心や規範意識の涵養，コミュニケーション能力の向上等，全教育活動を通じて取り組む課題への対応も期待されています。学校教育相談の機能が生きる授業はその原動力となりえます。

6 スクールカウンセラー等との連携

（1）スクールカウンセラーの役割

スクールカウンセラーの導入は，平成7（1995）年の「スクールカウンセラー活用調査研究委託事業」から始まり，同13（2001）年度からは「スクールカウンセラー活用事業補助」が本格実施されました。「心の専門家」として不登校やいじめ等の問題解決への期待かけられ，その数は年々増加しています[1]。

スクールカウンセラーの役割は大別すると次の4点となります。
(1) 児童生徒へのアセスメントにより，個別支援・介入の必要性を判断し，必要に応じて個別支援計画の立案・提供・実施を行う。
(2) 児童生徒，保護者，教職員へのカウンセリング・ガイダンスを行う。
(3) 児童生徒を支援・指導する保護者・教職員への助言・啓発を行う。

⑷　その他，関係機関等の紹介，教職員研修での助言等。

（2）スクールカウンセラーの選考

「スクールカウンセラー等活用事業実施要領」（平成30年4月改正，文部科学省）では，次の5つの要件の一つを満たす者の中から，実施主体である都道府県・指定都市が独自に選考することになっています。

次の各号のいずれかに該当する者から，実績も踏まえ，都道府県又は指定都市が選考し，スクールカウンセラーとして認めた者とする。
1．公認心理師
2．公益財団法人日本臨床心理士資格認定協会の認定に係る臨床心理士
3．精神科医
4．児童生徒の心理に関して高度に専門的な知識及び経験を有し，学校教育法第1条に規定する大学の学長，副学長，学部長，教授，准教授，講師（常時勤務をする者に限る）又は助教の職にある者又はあった者
5．都道府県又は指定都市が上記の各者と同等以上の知識及び経験を有すると認めた者

なお，この要領にも定められた「スクールカウンセラーに準ずる者」については，文部科学省が平成13・14年に行った事業効果の検証結果（臨床心理士を中心とした自治体より，「準ずる者」を多く配置した自治体の方が問題行動が大幅に減少）を踏まえ，平成23年2月に「準ずる者の積極的活用」を促す通知が出されています。

（3）スクールカウンセラーの課題

「スクールカウンセラー導入後も不登校児童生徒数は高止まりのまま」等，スクールカウンセラーに対する厳しい見方がありますが，非常勤で週1日勤務という条件を考えると，「投資効果」やスクールカウンセラーの個人的資質にまで言及するのは酷な気がします。しかし，次のよう

な問題点は今後改善していく必要があります。

❶ 「専門性」と「親密性」

スクールカウンセラー配置の成果については，スクールカウンセラーの「外部性」が強調されますが，毎年実施されている問題行動調査では，「いじめ発見のきっかけ」は担任20％に対して，スクールカウンセラー等は1％に満たず，「相談相手は」担任が7割近くを占め，スクールカウンセラー等は5％程度です。

また，震災時の「心のケア」については，「阪神淡路大震災では，従来心の専門家とされてきたカウンセラーたちよりも，教育現場の教員たちが果たした役割が大きかった」[2]との指摘があり，東日本大震災の折も被災直後から児童生徒の家を訪ね回る教師の姿が目立ちました。

児童生徒は「遠くの専門家より近くのセンセイ」を求めているのです。

❷ 教育面での専門性

「個人的・非社会的問題には積極的だが，集団的・反社会的問題には尻込みする者がいる」「教育現場の経験がないため，教育の論理と衝突する」「守秘義務というカウンセラーの倫理規定を金科玉条に『組織内守秘義務』への理解が進まない」などの批判は当初からありました。

スクールカウンセラーの大半は臨床心理士ですが，こうした批判に応える努力が続けられており，批判の声は徐々に少なくなっています。加えて，「準ずる者」の採用も進み，教職経験者がスクールカウンセラーとして活躍する自治体も増加しつつあります。

❸ コーディネーターの力量

スクールカウンセラーが縦横無尽に活躍している学校では，教員のコーディネーターとの見事な二人三脚ぶりが目立ちます。生徒指導や特別支援教育関係の会議への日程・時間調整，研修会の企画，スクールカウンセラー不在日の学校状況や関わりのある児童生徒の様子の報告等，コーディネーターの役割は多岐に及びます。

力量のあるコーディネーターの配置と，コーディネーターを介したス

クールカウンセラーとの円滑な連携は，学校の教育相談体制の構築にとって，最も重要な要素と言えます。

（4）スクールソーシャルワーカー等との連携

スクールソーシャルワーカーは，社会福祉の専門的知識・技術を活用し，悩みや問題を抱えた児童生徒等を取り巻く家庭環境等にはたらきかけ，問題解決・改善を図る専門家です。

スクールカウンセラー同様，調査研究事業（平成20年度）を経て，翌年から「補助事業」の位置付けとなっています。虐待問題等家庭の問題で学校を支援するケースが多く，各地で成果を上げています[3]。主たる業務は，①問題を抱える児童生徒が置かれた環境へのはたらきかけ，②関係機関とのネットワークの構築・連携・調整，③保護者・教職員に対する支援・相談・情報提供です。加えて，教職員への研修活動や学校内のチーム体制の構築・支援の役割を担うこともあります。

教育相談の在り方を検討する会議[4]では，スクールカウンセラーの職務について，「相談室待機型」から「対象接近型」への転換を求める声が相次ぎました。無職青年支援に積極的に取り入れられているアウトリーチ（専門機関等が人材派遣の形で行う出張サービス）の手法は，大きな成果が発表されています。

虐待問題やDV問題に限らず，不登校問題でも家庭環境へのはたらきかけが必要な事例は少なくありません。アウトリーチによる積極的な家庭関与は，家庭内問題にまで踏み込むことができない学校にとって心強い支援になるだけでなく，教職員が社会福祉的な視点や技法を獲得する上でも重要です。

（5）その他の校内リソースとの連携

生徒指導推進協力員や学校相談員は，警察官・教職の経験者や青少年団体指導者等の中から選考され，文部科学省の事業として学校に派遣さ

れています。また,地方公共団体によっては「さわやか相談員」等,様々な名称で相談員を独自に配置・派遣している所もあります。

さらに,特別支援学校の相談員に助言・支援を受けたり,メンタルサポーター等と呼ばれる,主に心理学を専攻する大学院生・大学生が相談室で児童生徒の相談に応じることがあります。発達障害のある児童生徒への個別支援を担当する指導員等の配置も増えています。

学校の多忙化が社会問題化する中,国や地方公共団体による外部人材の校内配置は,学校を力強く支えています。学校教育相談体制の整備に当たっては,このような外部人材との適切な連携が重要です。このためには,教育相談担当者がコーディネーターとしての役割を十分に果たす必要があります。

参考文献
1) 樺澤徹二『スクールカウンセラー　活用の考え方・進め方』金子書房,2014年
2) 立木茂雄「災害を受けた子どもの支援・家族の支援」『教育と医学』2005年7月号,慶應義塾大学出版会
3) 文部科学省『スクールソーシャルワーカー実践活動事例集』2008年
4) 教育相談等に関する調査研究協力者会議「児童生徒の教育相談の充実について(報告)」文部科学省,2007年

7 専門機関との連携

(1) 専門機関と連携する意義

学校が遭遇する児童生徒に関わる問題は多岐に及び,教育の限界を超えた困難事例は増加の一途をたどっています。そんな中にあっても,日本の「キョウイン」(ティーチャーと訳してしまっては,日本の教師の膨大な役割は理解されないと言います)は,自らの職責を自覚し,誠心誠意,児童生徒の「最善の利益」を守るために尽力しています。

しかし,「教育の限界」を超えた問題については,医療,福祉,司法等,専門的な知識・手法をもつ専門機関に助力を仰いだり,連携して対処する必要があります。
　「餅は餅屋」と言われるように,それぞれの専門機関は「その道のプロ」です。問題解決の貴重なノウハウをもつだけでなく,未然防止の取組にも尽力しています。日常の連携・協働を大切にして,共に児童生徒を見守り,育てていきたいものです。

（2）専門機関との連携の留意点

　専門機関との連携に当たっては,「5つの"つ"」に留意する必要があります。十分な支援・指導を「尽くし」,当該児童生徒や保護者との信頼関係を「培い」,専門機関に「通じ」た上で,保護者に「伝える」ことの重要性です。最後の「つ」は当然のことですが,その後も「つながり」を絶たず,問題解決に向けて協働していくことです。
　これをもう少し詳しくまとめると以下のようになります。

⑴　「やれることはすべてやった」と言えるくらいに支援・指導を尽くす
⑵　保護者と十分連絡を取り合い,保護者の自己決定に委ねる
⑶　各機関の法的根拠・業務・担当者等について熟知しておく
⑷　連携のねらいを明確にし,役割・方法等を具体的に検討する
⑸　「連携は支援・指導の一つ」との校内での共通理解を図る
⑹　校内の指導体制を整え,組織的に対応する
⑺　専門機関・保護者・学校との三者の緊密な連携を保つ
⑻　「支援の主体は学校」との認識に基づいて協働を進める
⑼　専門機関からの要請や助言を積極的に受け入れる
⑽　秘密保持・個人情報の保護等,相互の立場を尊重し合う

(3) 効果的な連携を進める校内体制

　連携の効果を上げるためには，学校と専門機関等が相互に信頼関係で結ばれ，支援を必要とする児童生徒や保護者等が「最善の利益」を得られるよう，緊密な情報交換，役割分担，具体策の実行，効果の検証と最善策の選択等に力を合わせることが大切です。

　このためには，校内にコーディネーター（連絡・調整）役を位置付け，「連携の要」として十分機能する校内体制を構築することが重要です。コーディネーターは，管理職，生徒指導主事，教育相談担当，養護教諭等との連携を強めるとともに，各機関[1]との日頃の連絡・報告・相談を大切にする必要があります。

　また，要保護児童対策地域会議，地区青少年健全育成委員会，学校保健会，学警連，保健所地域精神保健福祉連絡会等の地域にある組織には，多くの関連機関の人々が集まるので，担当者を割り振り，各会合の折などを利用して，情報収集や人間関係の確立を図ることが求められます。

参考文献

1）小林正幸・嶋﨑政男（編）『子どもの相談機関利用ガイド』ぎょうせい，2005年

第3章　学校教育相談の組織的展開

表6　専門機関との連携

分野	機関名（職員名）	主な業務内容・相談内容【関係法規等】
教育	教育委員会 （指導主事等）	・性格・行動，学業，進路，問題行動等に関する相談・援助 ・学校の教育方針・活動等への問い合わせ ・保護者からの相談　　　　　　　　　【教育委員会規則・要綱】
教育	教育相談室（所） （公認心理師等）	
教育	適応指導教室	教育支援センター　不登校児童生徒の学習指導や適応指導
福祉	児童相談所 （児童福祉司等）	・児童の問題についての相談，調査，判定，指導，措置等 ・緊急保護，指導方針を決定するための保護等 【児童福祉法】
福祉	子ども家庭支援センター	・子ども，子育て，家庭に関する相談・連絡調整・支援 ・子育て支援ネットワークの運営　　　　　　　【実施要綱】
福祉	福祉事務所 （社会福祉士等）	・生活困窮者の相談，生活保護の実施 ・児童・母子・障害者・高齢者の福祉に関わる相談・指導 【社会福祉法】【児童福祉法】【生活保護法】【障害者福祉法】
福祉	児童自立支援施設	・不良行為や家庭環境の悪化等により，生活指導を要する児童を入所させ自立を支援　　　　　　　　　【児童福祉法第44条】
福祉	児童養護施設 （児童指導員等）	・保護者のいない児童や虐待されている児童等を入所させ養護する ・退所者のための自立支援　　　　　　　【児童福祉法第41条】
福祉	児童福祉施設	・乳児院，保育所，児童厚生施設，児童養護施設，障害児施設，児童自立支援施設，児童家庭支援 【児童福祉法第35条】
保健・衛生・医療	保健所・保健福祉 相談センター （保健師・医師等）	・健康相談，保健指導，精神保健等の訪問指導や来所相談 ・伝染病等の感染症が発生した場合の指導・助言・援助 ・精神科医による思春期相談　　　　　　　　【地域保健法】
保健・衛生・医療	精神保健福祉センター （精神保健福祉士）	・精神障害者の早期発見・治療 ・社会復帰に至る精神保健・自立支援 【精神保健福祉法】
保健・衛生・医療	病院等の医療機関 （カウンセラー等）	・心身の疾病等に関する相談・診断・治療 ・疾病の予防・予防啓発
司法・保護・矯正	警察署少年係 （少年係警察官・少年相談専門職員等）	・非行少年等の補導・保護・注意助言 ・少年相談の受理・継続補導の実施 【少年法】【刑法】【少年警察活動】
司法・保護・矯正	少年補導センター （少年補導員等）	・街頭指導，有害環境の浄化活動 ・非行防止の啓発活動 ・家出や非行等の少年相談【総理府青少年対策本部指導要領】
司法・保護・矯正	家庭裁判所 （調査官・裁判官）	・審判に付すべき少年に関する調査 ・審判による保護処分等の決定 【少年法】【少年審判規則】
司法・保護・矯正	少年鑑別所 （鑑別所教官・技官）	・監護措置により家庭裁判所から送致された少年の調査・診断 ・学校や家庭からの非行等の相談 【少年院法】【鑑別所処遇規則】
司法・保護・矯正	保護観察所 （保護観察官）	・保護観察処分を受けた少年に対して，遵守事項を守るよう，指導監督するとともに立ち直りを援護 ・保護監察官が主任官，保護司が担当者 【犯罪者予防更生法】

司法・保護・矯正	補導委託施設	・試験観察(保護処分等を決める審判の前に家庭裁判所調査官が行う観察)を委託された施設または個人	【少年法第25条】
	少年院 (少年院教官)	・第1種少年院,第2種少年院,第3種少年院,第4種少年院のいずれかに送致された少年を収容し,矯正教育を実施	【少年法第24条】【少年院法第2条】
防災・安全	消防署・防災センター	・防火管理者・消防計画の届出等の防災管理 ・防災・防災啓発活動	【消防法】
	警察署交通課 (警察官)	・交通事故防止,交通取締り,交通事故の処理 ・交通安全の啓発活動,安全教室の開催	【道路交通法】
その他の相談機関等	公共職業安定所 (ハローワーク)	・求人情報の提供・職業紹介 ・職業適性検査の実施・職業選択相談 ・職業相談員の事業所訪問	【職業安定法】【勤労青少年福祉法】
	労働基準監督署	・労働基準法に定められた労働条件の遵守を指導・監督 ・就労者からの相談	【労働基準法】
	法務局人権擁護部 (人権擁護委員等)	・人権問題の相談,人権侵犯事件の調査・処理 ・人権尊重思想の普及・充実	
	女性相談センター	・DV,性被害等に関する相談 ・女性の自立支援	
	弁護士会 (弁護士)	・「子どもの人権110番」での電話相談 ・「子どもの人権救済センター」等での面接相談 ・「当番弁護士」活動,少年事件等の弁護活動	
	消費者センター	・消費者からの「悪徳商法」等の相談・苦情処理・被害者救済 ・学校での消費者教育の充実	
	ボランティアセンター	・ボランティア活動に関する相談,情報の提供 ・ボランティア養成講座の開催	
地域での相談・連携・協働	人権擁護委員	・人権侵犯事件の相談・調査・処理 ・人権尊重思想の高揚	
	青少年委員・児童館職員・体育指導員等	・余暇活動の指導・青少年団体の育成 ・自主活動の援助・リーダーの育成	
	民生・児童委員 主任児童委員	・地域の児童等の保護・保健・福祉に関する援助・指導 ・福祉事務所や児童相談所等との連携	【児童福祉法】【民生委員法】
	保護司 更生保護婦人会	・非行少年・犯罪者の更生・保護 ・非行・犯罪の予防活動	
	学校医・学校歯科医・学校薬剤師	・学校における保健管理に関する専門的指導・助言 ・疾病,障害,環境調整等についての相談	【学校保健安全法】
	防犯連絡所・子ども110番の家	・非行防止活動,啓発活動 ・子どもの安全を守るための活動・危機対応	
	交通安全協会・交通安全母の会	・交通安全に関する広報活動・事故防止 ・交通安全運動への協力	

8 学校教育相談の学校評価

(1) 学校評価の意義

　学校評価は，平成14（2002）年に「小学校設置基準」（文部科学省令）等により，自己評価の実施と結果の公表が努力義務として規定されて以来，段階的に整備されてきました。
　「学校評価ガイドライン」（平成20〔2008〕年1月）には，学校評価の目的が次のように示されています。
(1)　学校が設定した重点目標の達成状況や取組の適切さ等を評価することで，組織的・継続的に学校運営の改善を図る。
(2)　保護者・地域に説明責任を果たすとともに，保護者・地域住民等から理解と参画を得て，連携・協力による学校づくりを進める。
(3)　設置者が学校評価の結果を踏まえ，学校に対する支援や条件整備等の改善措置を講じることにより，教育水準の保証・向上を図る。

(2) 評価の手順

　学校教育相談の学校評価は，①教育相談部（委員会）内評価，②児童生徒及び保護者アンケート，③部（委員会）内評価及びアンケート結果を基にした「自己評価」，④「自己評価」の検証を行う学校関係者委員会（保護者・地域住民の代表）による「学校関係者評価」，⑤教育相談や健全育成に関わる専門家等による「第三者評価」という順序で行います。

(3) 学校評価の活用

　学校教育相談は，すべての教員がすべての児童生徒を対象に，全教育活動を通して実践すべきものとの基本的考え方を踏襲しながらも，校内組織の機能的な連携を進めるとともに，外部人材の積極的活用を図り，

学校教育相談体制をより充実させるとの方向性が明確になっています。

　各学校においては，学校の現状を正確に把握（リサーチ＝R）し，目標とする（ビジョン＝V）学校教育相談体制を明確にして，その実現に向けた計画（プラン＝P）を立て，実行（ドゥー＝D），評価（チェック＝C），改善（アクション＝A）という，RV・PDCAマネジメントサイクルを円滑に進めることが求められています。

（4）学校教育相談の評価規準・基準の作成

　学校教育相談の評価規準は，①基本方針の達成，②教育相談組織の充実，③教育相談の実施，④開発的教育相談の推進，⑤問題解決的教育相談の成果，⑥校内，保護者，関係機関等との連携などが考えられます。評価項目はそれぞれ3〜5個程度とし，評価者に負担がかからないよう配慮する必要があります。

　評価基準は，①とてもそう思う，②そう思う，③あまりそうは思わない，④そうは思わない，の4段階とすると，結果を数値化することができます。項目間の比較や経年変化を見ることで，評価の検討に役立ちます。

表7　学校教育相談の評価（4件法）の例

【学校教育相談の基本方針】
①「子どもの最善の利益を守るという姿勢」で教育活動にあたった。
②教育目標・前年度の学校評価を踏まえた学校教育相談方針だった。
③全体計画が分かりやすく，全教職員の共通理解が図られた。
④年間計画にしたがって，全教職員が同一姿勢で取り組めた。
⑤「気持ちは受け止め，非なる行為は責任をとらせる」指導ができた。
【教育相談委員会の活動】
①教育目標達成のため，委員会活動が活発に行われた。
②教育相談委員会の活動内容・人数は適切であった。
③教育相談委員会の各委員の役割分担は適正であった。
④教育相談委員会の活動時間は十分保障されていた。
⑤教育相談委員会の基本方針・全体計画は教職員に周知されていた。
【相談体制・相談活動】
①教育相談室の利用が多く，活発な教育相談活動が展開された。

②「授業者の許可を得る」等の相談のルールが守られた。
③相談の秘密や個人情報保護に十分配慮した相談活動が行われた。
④必要な情報は担任等に伝えられ，指導の成果を高めた。
⑤教育相談室は相談しやすい環境に整えられていた。
【開発的教育相談活動】
①学業面・社会面・進路面・健康面での積極的な取組が行われた。
②授業での教育相談や学業相談の進め方等について情報提供された。
③学級づくりや人間関係づくりのための教育相談活動が行われた。
④ガイダンス機能を充実するための資料提供等が十分行われた。
⑤健康づくりのための資料配布等，委員会の活動は積極的であった。
【個別支援の教育相談活動】
①問題行動を起こした子どもへの指導・支援が適切に行われた。
②不登校の子どもやいじめられる子へのケアが適切に行われた。
③特別支援教育が必要な子どもへの指導が適切に行われた。
④悩み等をもつ子に対して，問題が解消されるまで，教育相談が継続的に行われた。
⑤配慮を要する子の指導法・配慮点等の適切な情報提供がされた。
【校内での連携活動】
①教育相談週間における相談活動が活発に行われた。
②情報交換が密接に行われ，教育相談委員会からの情報提供が生徒指導や学級経営に役立った。
③グループ・エンカウンター等の研修会が役立った。
④スクール・カウンセラーやピュアフレンドの支援を受けられた。
⑤指導に悩む子について適切な助言・支援を受けられた。
【保護者との連携・保護者対応】
①保護者を支えるサポート・ミーティングの成果が得られた。
②保護者に「スクール・カウンセラーの配置等，教育相談を受けられるシステムが整っていること」が周知されていた。
③保護者会での「ミニ講演会」は役に立った。
④三者面談や家庭訪問において，適切な助言・支援を受けた。
⑤「教育相談だより」の発行数・内容に保護者は満足していた。
【関係機関等との連携活動】
①子ども家庭支援センターや児童相談所と円滑な連携が図られた。
②専門機関の紹介や専門家との面談での同席は助かった。
③教育相談所や人権相談所等，様々な相談機関の存在と相談方法について，子どもや保護者に周知できた。
④専門機関の一覧（役割・連絡先等）は利用しやすかった。
⑤保護司，民生委員等の地域人材との連携が効果的だった。

表8　児童生徒向けアンケート（学校教育相談の部分）の例

次の問いに「とてもそう思う」「そう思う」「あまりそうは思わない」「そう思わない」のどれかで答えてください。
〇先生たちは，わたしたちの言い分をよくきいてくれる。
〇相談室ではていねいに相談にのってくれる。
〇先生たちは，わたしたちが仲良くなれるよう，いろいろなことをしてくれる。
〇先生たちは，困ったときにどうすればよいか教えてくれる。
〇先生たちは，悪いことをしたときには叱ってくれる。

9 学校教育相談と法知識

（1）教育相談と法律

「こころの専門家は，内的世界を重視するあまり，現実世界の約束事・常識といったものに疎くなる傾向も，無きにしも非ずです」[1]と言われます。熱心に臨床活動に取り組む姿勢は高く評価されても，世間の一般常識，ましてや法に反する言動は許されません。

これは臨床心理士等のスクールカウンセラーに限ったことでなく，教師も深く自覚しなければならないことです。個別相談をする中で，知りえた個人情報の守秘義務についての理解は進んでいますが，逆に，そのことが災いして，教員が問題を一人で抱え込んでいるうちに，自害他害の問題が起こってしまうことがあります。

様々なケースが考えられますが，虐待やいじめ等の通告義務や，心身の安全保持義務など，教育相談中に起こり得る問題については，服務事故研修の折に，全教職員が共通理解を図ることが求められます。

（2）教育相談関連団体の「倫理規定」

教育相談を進めるに当たっての配慮事項は，カウンセリングに関わる

学会等が定めている倫理規定が参考になります。会員の大多数を教員が占める日本学校教育相談学会は,「学校カウンセラー」の資格認定を行っていますが,その倫理規定は大きく次の3点が示されています。(要約)

　第2条「社会的道義的責任」では,第1項に「援助を必要とする児童生徒等の人権を第一義と心得ること」,第2項に「道義的責任の自覚」を「専門家としての知識・技術の不当な誇示」と,「児童生徒等との間に,社会通念にもとる行為」を禁止事項と規定しています。
　第3条には,専門的技能・人間性向上と専門機関との連携を義務づけた後,管理者である校長の「指導・監督」を受けるとともに,学校カウンセリングについての「進言」を行うよう求めています。
　第4条には「秘密保持」について,「(略)専門家としての判断の下に必要と認めた以外の内容を他に漏らしてはならない。」と定めています。

(3) 学校での「申し合わせ事項」

　孤立しがちな女子生徒の悩みを聴くうちに,頻繁なメール相談や休日の学校外での個別相談を行うようになった若い男性教師が,生徒の母親からセクハラの訴えをされた例があります。リストカットに気づいた養護教諭が,「家族には言わないで」という生徒との約束を守っていたところ,その生徒が重傷を負う事件にまで発展し,安全保持義務違反を問われた例もあります。
　組織的・計画的教育相談だけでなく,個々の教師が日常的に行う自発相談,呼出し相談,チャンス相談等においても,相談を受ける者としての約束事は守らなければなりません。学校としての倫理規定の策定までは無理であっても,「組織内でも秘密の厳守」等,「申し合わせ事項」として重要な点は共通理解する必要があります[2), 3), 4)]。

参考文献

1）佐藤進（監修）『心の専門家が出会う法律』誠信書房，2003年
2）出口治男（監修）『カウンセラーのための法律相談』新曜社，2009年
3）嶋﨑政男『法規＋教育で考える生徒指導ケース100』ぎょうせい，2009年
4）廣井亮一『カウンセラーのための法と臨床』金子書房，2012年

10 学校教育相談の研修

（1）教育活動に活かす研修

　学校教育相談力を高めるには，学級づくりや問題行動等に実際に取り組む中で，具体的な助言・指導を得ることが役立ちますが，学校教育相談の基本的事項を漏れなく習得するには，系統的・計画的な研修を受講する必要があります。

　教育委員会等の実施する研修会を積極的に受講するとともに，教育相談に関わる研究会や学会でさらなる専門性を磨くことによって，幅広い理論・技法を身に付けることができます。それを学級(ホームルーム)経営や授業等で活かすことにより，実践家としての自信がもてるようになります。

　カウンセリングの技術に長けて治療的教育相談への道を進むことも，特定の理論・技法を深く学ぶことも，学校教育相談の充実に寄与しますが，教師としてはあくまでも「実践家」でなければなりません。ライフ

表9　学校教育相談の研修（例）

領域	基礎・基本	発展・充実	専門・推進
学校教育・学校教育相談の理論・方法	・学校教育相談の定義 ・学校教育相談の意義 ・学校教育相談の役割 ・校内組織と役割分担 ・人権感覚の練磨 ・教育活動に活かす方法 ・教育目標と教育相談	・学校教育相談体制構築 ・教育相談担当の役割 ・特別支援教育コーディネーター等との協働 ・授業の充実と教育相談 ・校内外リソースの活用 ・事例研究の意義と方法	・学校教育相談の評価 ・コンサルテーション・スーパービジョン ・特別支援教育等との全体計画の作成 ・評価と改善策 ・事例研究の企画と推進

第3章　学校教育相談の組織的展開

	基本	発展	専門
児童生徒理解 個別指導	・児童生徒理解の意義 ・児童生徒理解の基本 ・発達障害等の理解 ・教育相談の基礎理論 ・児童生徒との人間関係深化の基礎	・アセスメント概論 ・発達と発達課題 ・「二次障害」の理解 ・教育相談の様々な技法 ・キャリア発達と指導 ・面接の基本（傾聴）	・チームアセスメント ・心理テストの活用 ・発達障害アセスメント ・場に応じた技法の活用 ・キャリア教育の充実 ・個別カウンセリング
学級（ホームルーム）・学年経営 集団指導	・学級（ホームルーム）経営の基本 ・集団構造の把握 ・集団指導の基本 ・集団づくりの技法 ・教師間の情報共有 ・相互支援の重要性	・学級（ホームルーム）経営に活かす学校教育相談 ・集団効力感の向上 ・人間関係の深化 ・集団内での問題解決 ・教師間での連携協働 ・ピアサポートの導入	・学級（ホームルーム）経営と学年・学校経営 ・学級（ホームルーム）活動の活性化 ・ガイダンス機能の充実 ・ピアサポート等, 相互支援体制の強化
問題行動等への対応 危機管理	・問題行動の概要と現状 ・情報モラル指導等, 未然防止指導 ・健康・安全指導 ・初期対応の在り方 ・虐待の早期発見 ・情報収集と報告	・問題行動別の指導法 ・指導規準・基準の作成 ・防止プログラムの策定 ・効果的な教育相談 ・リテラシーの向上 ・心の問題の理解と指導	・諸技法の活用 ・校内指導態勢の確立 ・「心のケア」への配慮 ・トップ・マネジメントチームやサポートチームの結成 ・生徒指導部との協働
心の健康教育・開発的教育相談の充実	・開発的教育相談の意義 ・心の健康教育の実際 ・エンカウンターの実施 ・アドラー心理学の基礎 ・解決志向の考え方	・心の健康教育の推進 ・ソーシャルスキル教育の計画的導入 ・教育相談の技法の援用	・心の健康教育の充実 ・包括的学校教育相談の充実 ・ガイダンスカウンセリングの活用
保護者や関係機関との連携・協働	・保護者と信頼関係構築 ・関係機関の種類と役割 ・関係機関との日常連携 ・学校安全体制の確立 ・地域団体等の理解	・保護者との連携・協働 ・エコマップの作成 ・専門機関との連携 ・地域リソースの活用	・保護者クレーム問題 ・コーディネート力 ・チーム支援とネットワークづくり ・保護者へのコンサルテーション
法的な理解	・個人情報保護 ・いじめ対策防止推進法 ・虐待防止法	・非行の処遇の流れ ・懲戒・出席停止 ・学校保健安全法	・カウンセラー倫理規定 ・生徒指導関連の法 ・文部科学省通知

ステージに応じた包括的な研修に取り組む姿勢が求められます。

　学校教育相談は，生徒指導，進路指導，健康・安全指導，学級（ホームルーム）経営，教科指導等と重複する部分が多いので，研修体系を明確にする必要があります。表9は，学校教育相談の内容を7領域に分け，基本・発展・専門の3段階での研修内容を例示したものです。

（2）事例研究会の進め方

　事例研究は，問題事例を様々な角度から客観的に理解することによ

り，問題解決への具体的方策や留意点を見出すもので，現に起こっている問題についての共通理解を図り，連携による指導効果を高めます。直接対応している事例でなくとも，参加者一人一人の児童生徒理解力や生徒指導・教育相談力の向上に役立ちます。

事例研究の進め方は，課題討議法，課題指摘法，チェック法，経過事例法，場面協議法，行動事例法，ディベート法，インシデント・プロセス法，短縮事例法等，目的や時間的制約等にかなった様々な方法が工夫されています[1]。

石川県教育センターが開発した「解決志向型事例研究法」のように，問題を抱える児童生徒のもつリソース（資源）や外部資源に目を向け，そこから支援目標を立て，目標達成のための具体策をスモールステップで見出す方法は，問題の解決・改善への共通理解が得やすくなっています。

エコマップの作成を通した事例研究は，「どこと連携し，誰に，どうはたらきかけるか」を視覚的に捉えることができます。エコマップとは元々は福祉の分野で使われるもので，家族関係図（ジェノグラム）を基に，家族の各構成員を支援する関係機関等との関係が一目でわかるように図示したものです。

時間をとってゆっくり協議している時間がないことがあります。そのような場合は，短縮事例法（表10）をさらに短縮して実施します。急な事件・事故が発生した場合，職員室に参集する教職員に3枚程度の糊のついた付箋を配付し，問題の概要を説明した後に，その付箋に「対応法」を書いてもらうという簡易なやり方です（表11）。ホワイトボード等に付箋を貼る（同様のものは重ねる）だけの作業で，教職員の意向を確認することができ，初期対応の方向性が定まります。

参考文献

1）嶋﨑政男『生徒指導の新しい視座』ぎょうせい，2007年

第3章　学校教育相談の組織的展開

表10　短縮事例法による事例研究の進め方〔例〕

活　動	時間	活動内容（個人・班・全体）	留　意　事　項
進行説明	5分	進行者から進め方の説明を受ける	フローチャートで説明
事例説明	10分	黙読し，発表者からの説明を聞く	Ａ４判１枚にまとめる
情報収集	5分	必要最低限の質問をする	簡潔な質問と回答とする
個人研究	15分	問題点，改善点を箇条書きにする	実行可能な具体策を記す
班別研究	25分	①個人研究の結果を発表し合う ②改善・解決策の共通点をまとめる ③発表用紙に班のまとめを記入する	・発表は短時間で行う ・発表者を決める ・発表のポイントを絞る
全体研究	20分	①班別研究の発表を行う ②疑問点等の意見交換を行う	・改善・解決策に絞る ・異なる意見に注目する
まとめ・講評	20分	①進行者のまとめを聞く ②事例発表者の意見・感想を聞く ③講師の講評を聞く	・共通点を整理する ・発表者を労う ・見落とした点等を指摘

表11　付箋を用いた短縮事例法の進め方〔例〕

活　動	時間	活動内容（個人・班・全体）	留　意　事　項
進行説明	5分	進行者から進め方の説明を受ける	フローチャートで説明
事例発表	10分	事例発表者は，概要や参考事項等を資料に基づき，要点を発表する	問題解決のポイントになりそうな点に絞る
個人研究	15分	①緊急対応策・早期対応策・長期対応策に分けて記入する ②質問はなし（付箋に記入する）	・緊急は赤色，早期は黄色，長期は青色の付箋に記入する ・3色を4枚準備する
班別研究	20分	①添付用紙に順番に貼っていく ②同じ内容のものは重ねる ③KJ法を用いて表題をつける	・添付用紙を準備する ・似た意見は近くに貼る ・表題は短冊に記入する
全体研究	15分	①班別研究の発表を行う ②疑問点等の意見交換を行う	・表題を発表する ・独自の意見も発表する
まとめ	5分	進行者のまとめを聞く	・具体策を確認する

新訂版
教育相談 基礎の基礎

第4章

様々な技法を活かす開発的教育相談

1 自己理解を深める

(1)「技」(技法) を支える「心」(人間観) を重視する

　理論や技法の数は膨大です。教師は心理療法の専門家ではないので，一つ一つの技法を確実に身に付ける必要はありません。しかし，様々な理論や技法の中には，教育の場で効果的に活用できるものが少なくありません。特に，技法を支える「心」(人間観) は重要です。

　本章では，このような趣旨に沿って，問題解決的教育相談に活かす「技」より，開発的教育相談に関わる課題を取り上げます。「技法・理論のつまみ食い」編ともいうべき章です。紙幅の都合で詳細に取り上げることができないので，参考文献を活用してください。

(2) 自己理解を深める

　教育は「『自分探しの旅』を扶ける営み」といわれます。自己実現を図るために自己指導力を高めることが教育の目的です。生徒指導・教育相談の目的もまったく同じです。

　自己指導力には，自己をありのままに認め (自己受容)，自己に対す

る洞察を深める（自己理解）から，これを基に自らの目標を確立・明確にすること（目標設定），目標を達成するために自主的・自律的に判断・決断し実行すること（判断・行動），その結果に自ら責任をとること（責任）までが含まれます。

　生徒指導・教育相談や進路指導においては，自己理解が出発点であり，同時に最終地点であると言えます。このため，自己表現ワークシート[1]や自己カウンセリング[2,3]のような，自己理解を深めるための様々な手法が開発されています。

（3）ニュー・カウンセリングの実践に学ぶ

　ニュー・カウンセリングは，「カウンセリング即教育」と考える伊東[4]が「人間性豊かな教育」を目指して体系化したもので，グループ体験を中心に構成されたものです。この中には5つの領域がありますが，その一つに「自己を見る」があります。

　「強制選択による自己理解」は「自己を見る」実習の一つです。これは，「慎重」「創造的」「良心的」「従順」のような4枚の紙を部屋の四隅に掲示しておき，中央に集まった参加者が「今の自分に最もふさわしい言葉」の場所に移動するものです。

　次のステップで，同じグループになった者

図10　ジョハリの窓

	自分が知っている	自分が知らない
他人が知っている	Ⅰ 開放の窓 自己開示が進んでいる 「公開された自己」 (open self)	Ⅱ 盲点の窓 他者からの情報が少ない 「自己理解が浅い自己」 (blind self)
他人が知らない	Ⅲ 秘密の窓 自己開示が進んでいない 「隠された自己」 (hidden self)	Ⅳ 未知の窓 自分も他人もわかっていない 「誰も知らない自己」 (unknown self)

同士が「その言葉を選択した理由」や「一緒になった顔ぶれについての感想」などを述べ合います。この後，選択した言葉の変更を認め，同じことを繰り返すこともあります。

　自己理解を深めるには，「ジョハリの窓」の「隠したい領域」を他の人に知らせること（自己開示）と，「気づかない領域」を他の人から教えてもらうこと（フィードバック）が必要です。

（4）エゴグラムで「今の自分」に気づく

　エゴグラムは交流分析[5]における自己分析法の一つです。誰もが，NP（保護的な親），CP（批判的な親），A（大人），FC（自由な子），AC（順応した子），の「5つの心」をもっていて，その時々それぞれの「量」が違っていると考えます。

　その「量」をはかるものが「エゴグラム・チェックリスト」**(表12)**です。50の質問に答えたら，○は2点，△は1点，×は0点として項目ごとの合計点を記入し，グラフで表示します。

　次に「5つの心」の「種明かし」をしますが，最初に，①どの「心」が多ければ良いとか少ないからダメということはない，②結果は固定的なものではなく，その時々の気持ちのもちようで変化する，という2点を確認し，次のプリントを配布して説明に入ります。

CP：自分に自信をもち，他の人も同じように考えるべきと考え，他人を従わせようとする気持ち。
NP：他人をいたわり，親身になって面倒をみようとする保護する心。
A　：事実に基づいて物事を判断する，客観的・分析的な心。
FC：天真爛漫で自由でのびのびとした心。好奇心旺盛で積極的。
AC：自分の感情を抑え親や教師の期待に応えようとする。

　最後に，ワークシートに「自分の心の傾向で気づいたこと」「これからも大事にしていきたい自分の特徴」「少し変えてみようと思ったこと」等を記入させます。

第4章　様々な技法を活かす開発的教育相談

表12　中学生用　エゴグラム・チェックリスト

◎以下の質問に，「はい」（○）か「いいえ」（×）で答えてください。どうしてもわからない時は（△）を記入します。

CP（　）点	1	部屋の整頓など，きちんとしないと気がすまない方ですか。	
	2	何でも，やり始めたら最後までやらないと気がすまない方ですか。	
	3	自分の考えは最後まで押し通そうとしますか。	
	4	お金や時間にルーズな人がいると腹を立てる方ですか。	
	5	一度立てた計画は，最後までやり抜こうとしますか。	
	6	服装や言葉づかいはいつでもきちんとすべきだと思いますか。	
	7	友達と話す時，命令調の言い方になることが多いですか。	
	8	自分を責任感が強い人だと思いますか。	
	9	自分が親になったら子どもに厳しい親になると思いますか。	
	10	親から言われたことはその通りにしてきた方ですか。	
NP（　）点	1	ボランティア活動を進んでやってみたいと思いますか。	
	2	弟や妹（小さい子）の面倒をみるのが好きですか。	
	3	落ち込んでいる友達にならなぐさめてやりますか。	
	4	ちょっとした失敗やミスは許してあげますか。	
	5	看護師や介護士の仕事は自分に合っていると思いますか。	
	6	友達や家族の人に物をあげたり，おごってやるのが好きですか。	
	7	学級の委員やグループのリーダーには進んでなる方ですか。	
	8	募金や助け合い活動には進んで応じる方ですか。	
	9	人からものを頼まれたら断れない方ですか。	
	10	掃除当番や係活動は進んでやりますか。	
A（　）点	1	何かを決める時，慎重に，冷静に判断しますか。	
	2	学級の話し合いでは，賛成・反対の両方の意見をよくききますか。	
	3	意見の対立があっても，冷静に対応できますか。	
	4	音楽番組よりニュースやドキュメンタリーの方が好きですか。	
	5	自然界や科学の発達に興味がありますか。	
	6	友達から誘われても，嫌なことはイヤとはっきり断れますか。	
	7	迷信や占いは信じない方ですか。	
	8	時間の使い方が上手だと思いますか。	
	9	家の手伝いや学校の当番活動はテキパキとやる方ですか。	
	10	体調が悪い時は，無理をしないようにしますか。	
FC（　）点	1	自分の気持ちが顔色や表情に表れますか。	
	2	うれしい時は「うれしい」と言葉で言いますか。	
	3	いろいろなことに興味をもつ方ですか。	
	4	言いたいことは遠慮なく言うことができますか。	
	5	「わぁ」「すげぇ」「へぇ〜」などの感嘆詞をよく使いますか。	
	6	欲しい物は手に入れないと気がすまない方ですか。	
	7	冗談を言ったり，ふざけたりするのが好きですか。	
	8	見知らぬ人ともすぐにうちとけることができますか。	
	9	歌や踊りが好きですか。	
	10	劇の主役や合唱祭の指揮などに進んで立候補する方ですか。	
AC（　）点	1	思っていることが言えず，後で後悔することがありますか。	
	2	友達によく思われようと，無理をしてしまう方ですか。	
	3	自分の考えより，親や友達の意見に影響されやすいですか。	
	4	他人の顔色を見て行動するようなところがありますか。	
	5	遠慮がちで消極的な方ですか。	
	6	つらい時でもがまんしてしまう方ですか。	
	7	嫌な仕事や役割を押しつけられてしまうことがありますか。	
	8	先生や友達の評判が気になりますか。	
	9	欲しい物があってもがまんしてしまうことが多いですか。	
	10	親や先生の期待にこたえようと無理をすることがありますか。	

参考文献

1) 諸富祥彦（監）大竹直子『自己表現ワークシート』図書文化社，2005年
2) 渡辺康麿（編著）『自分を発見するワークペーパー32』学事出版，2000年
3) 渡辺康麿『セルフ・カウンセリング』ミネルヴァ書房，2001年
4) 伊東博『ニュー・カウンセリング』誠信書房，1983年
5) 杉田峰康『教育カウンセリングと交流分析』チーム医療，1988年

2 人間関係を深める

(1) アドラー心理学に学ぶ

　アドラー心理学は，フロイトやユングと並び称されるアルフレッド・アドラーによって創始されました。日本での歴史は30年ほどですが，その考え方は急速な広がりを見せています。特に育児や教育の分野でその理論を援用する取組が盛んで，「学級経営に困った時のアドラー心理学」とまで言われることがあります。「アドラー心理学は子どもに媚びへつらい，放任し甘やかせる」と考える人がいます。これは誤解です。ちょうど「受容が許容に，共感が同情に」誤って受け止められたことと似ています。

　アドラー心理学は，子どもの問題行動を「不適切な行動の４つの目標」から説明し，表面的な言動を叱責するのではなく，「何のためにそのような行動をとっているのか」との視点で指導するよう求めています。また，共同体感覚の育成を重視し，子ども同士の対人交流を促す様々なスキルの開発の先駆けとなっています[1), 2), 3), 4)]。

　ここで取り上げる「人間関係の深化」は，教師が児童生徒との人間関係を深めるための姿勢です。児童生徒と日常的に接する中で，次のような「ちょっとした」言葉かけをすることで，人間関係に「信頼しあえる」「温かな」等を冠することができるようになります。

❶ 関心をもち，存在を認め，尊敬する

　「かけがえのない存在として尊敬すること」。児童生徒との人間関係を築く基本はこの言葉に収斂されます。アドラー心理学は「勇気づけの心理学」とも言われます。「勇気づけ」とは「子どもに自尊心と達成感を与えるための継続的なプロセス」などと説明されます。

「名前は当人にとって最も快い，最も大切なひびきをもつ言葉である」と言われます。きちんと正しい名前で呼ぶことは，勇気づけの基本中の基本です。「不適切な言動より適切な言動に注目」「行動の結果より努力の過程を大切に」。このような姿勢も勇気づけの第一歩でしょう。

❷「当たり前」に感謝する

「教師と児童生徒は対等」。「対等」は「同等」とは違います。「対等」とは役割の違い等は当然としながらも，人間としての優劣はないという立場を貫くことです。

この姿勢で児童生徒と接すると，「〜しなさい」（指示・命令）が「〜してくれない」「〜して欲しい」（依頼）に変わります。

「当たり前」だと思っていた行為に対して，「ありがとう」「うれしいよ」という言葉が自然と口をついて出るようになります。

❸ 原因を問うより，責任の取り方を考えさせる

問題行動の指導場面では，行為の原因を追及し，反省の弁を語らせないと指導にならないと考えている人が多いように思えます。いきおい「なぜ」「どうして」を連発しがちです。

本当の原因は本人にもわからないことが多く，仮にわかっても「過去」を直すことはできません。「今できること」「これからすること」（責任）を考えさせることの方が人間関係の深化には役立ちます。「どうして」から「どうすれば」への転換を図りたいものです。

（2）グループ・エンカウンターを実施する

グループ・エンカウンターとは，本音で心の交流をする集団体験のことです。学校に導入された多様な技法の中で，これほど急速に普及した例は空前絶後でしょう。学級（ホームルーム）活動や学校行事だけでなく，教科指導や保護者会等でも幅広く活用されています。

教師があらかじめ方向性を考えておき，用意した課題（エクササイズといいます）を進めていくことを「構成的グループ・エンカウンター」

と呼んでいます。通常，学校で行われるのは，この構成的グループ・エンカウンターです[5), 6), 7), 8)]。

　グループ・エンカウンターを効果的に実施するには，教師の力量やエクササイズの内容等が大きく影響します。実施に当たっては，実際に体験を重ねる中で，エクササイズの選び方や導入の仕方を学ぶとともに，以下に示す点に十分留意することが大切です。

❶ ねらいに合ったエクササイズを選ぶ

　教師の最初の役割はエクササイズの選択です。緊張感をほぐす，自己主張の体験をさせる，自己理解を深めるなど，ねらいによって数々のエクササイズが開発・工夫されています。実施する集団の種類，人数，発達段階，実施の場所や時間等の条件を考慮して選ぶとよいでしょう。

❷ 温かな雰囲気の中で実施する

　温かみのある語りかけ，真剣な傾聴と受容的な応答，励ましや感謝の言葉かけ，機に応じた自己開示等，教育相談の「心」に満ちた姿勢は，いつでも大切にしなければなりませんが，グループ・エンカウンターのファシリテーター（進行役）を務めるときは特に重要となります。

　一方，エクササイズを実施する中で，友達へのからかいや悪ふざけが発生した場合には，きちんと正す姿勢も求められます。

❸ ウォーミングアップを十分行う

　性急にねらいに迫ろうとするあまり，無理な進行をして失敗してしまうことがあります。まずは集団の雰囲気を和ませるためのウォーミングアップが必要です。

　「この指とまれ」（指導者の「誕生日が同じ季節の人」等の指示により小グループに分かれる）や，「じゃんけん蛇」「進化論ゲーム」等のじゃんけんを使った簡単なゲームを実施し，緊張感をほぐします。初めて出会う者同士の集団の場合は，二人一組になった「肩たたき自己紹介」や円形に座っての「他己紹介」等，相互理解を深めるエクササイズを取り上げることが大切です。

❹ 分かち合い（共有化）を行う

「エンカウンターとゲームとの違いは？」と問われることがあります。「エンカウンターとしての目的をもって行えば，内容的にはゲームと同じものであっても構わない」と答えますが，正確には「分かち合い（シェアリング）」の有無を説明しなければなりません。

「分かち合い」は，参加者が気づいたこと，感じたこと，学んだこと等を出し合い，それを共有化することで，自己理解や他者理解を深めることを目的とします。吹き出し図を工夫した用紙や短冊に感想を書いたり，小グループで話し合ったことを全体の場で発表するなど，参加者が自分の気持ちを抵抗感なく表現できるよう，工夫を凝らすと効果的です。

❺ 実施後の配慮に努める

エクササイズの内容やグループ・エンカウンターの展開によっては，嫌な思いをしたり，不安感を増幅させる児童生徒が出ることがあります。そのような事態を防ぐための万全な配慮が必要ですが，万が一，そのような児童生徒が見受けられたときには，個別面接を行うなどして十分なアフターケアに努めなければなりません。

参考文献

1) 岩井俊憲・永藤かおる『子どもを勇気づける教師になろう！』金子書房, 2013年
2) 野田俊作・萩昌子『クラスはよみがえる』創元社, 1989年
3) 会沢信彦・岩井俊憲（編著）『学級担任のためのアドラー心理学』図書文化社, 2014年
4) 赤坂真二『先生のためのアドラー心理学』ほんの森出版, 2010年
5) 手塚郁恵『好ましい人間関係を育てるカウンセリング』学事出版, 1998年
6) 相馬誠一（編著）『学級の人間関係を育てるグループ・アプローチ』学事出版, 2006年
7) 國分康孝（監修）『エンカウンターで学級が変わる』図書文化社, 1996年
8) 片野智治『教師のためのエンカウンター入門』図書文化社, 2009年

3 自尊感情を育てる

(1)「自尊感情」とは

　自尊感情はセルフエスティームの訳語で,「自分を価値ある存在として尊重する感情」[1],「自分自身を肯定的に評価する気持ち」[2] などと定義されています。

　自尊感情は,基本的自尊感情（あるがままの自分を受け入れ,かけがえのない存在として丸ごと認める感情＝自己受容・自己肯定）と社会的自尊感情（賞賛を受けたり褒められて高まる自己有用感・自己効力感）に分けることができます[3]。

　このような自己有用感や自己効力感は,「生きる力」を育むキーワードとなっているとともに,臨床心理学や非行学等でも,問題行動の改善や心身の疾病の治療に当たって,自尊感情を育てることは目標の一つとなっています。

　しかし今,日本の子どもたちの自尊感情の低さが問題となっています[4]。小学校3,4年生から低下しはじめ,中学,高校では歯止めが利きません。

(2) 交流分析から学ぶ指導法

　交流分析はエリック・バーンによって創始された心理療法の一つです。「精神分析の口語版」といわれますが,一朝一夕に修得できるものではありません。ここでは「ストローク」と「基本的構え」の考え方を取り上げ,自尊感情を育てるヒントを得たいと思います。

❶ ストローク

　あらゆる「はたらきかけ」をストロークと言います。誉める,励ます,

頭をなでるなどは肯定的ストローク，怒る，脅す，殴るなどは否定的ストロークと呼ばれます。また，「満点を取れたからえらい」のような言い方を条件付きストロークといいます。

自尊感情を高めるのは，もちろん条件を付けない肯定的なストロークです。バーンは「人間はストロークなしでは生きていけない。ストロークは心の食べ物であり，人間はストロークを求め続けて生きる動物である」と述べています。

❷ 基本的構え

基本的構えとは「幼児と両親のふれあいが主体となって培われる，自己や他者及び社会に対する基本的な反応態度，あるいはそれに基づく自己像や他者像」[5]と説明されます。基本的構えは「自己否定・他者肯定」「自己肯定・他者否定」「自己否定・他者否定」「自己肯定・他者肯定」の4つに分類されます。

目指すのは自他共に肯定（価値を見出す，安心感を得る，良い人間と認める等）できることです。「私はOK，あなたもOK」などと表現されます。このように考えられることこそが自尊感情が満たされている状態です。

ところが，「自己否定」の気持ちを強くもつ児童生徒が多く存在します。「禁止令」を多く体験した者にみられます。「禁止令」とは，例えば「男だったらよかったのに」が「女であるな」というメッセージを与えるような言い方です。こうした禁止令を繰り返し受けると，その後の行動パターンを左右するようになります。自分のことを肯定的に捉えることのできない児童生徒には，禁止令からの解放を助ける，肯定的な「言葉のシャワー」を注ぐことが大切です。

（3）支持療法から学ぶ指導法

支持には，賛意を示す，応援する，援助する，保護する等の行動が含

まれます。支持を受けると自信を深め，意欲を喚起し，諦めることなく物事をやり遂げようとします。何事にも消極的になりがちだったり，自信を失ったりする者には，支持は問題を克服するための大きな力となります。

　勇気づけやストロークは強力な「支持」ですが，児童生徒が得意とすることに目を向け，それを認め，励ますことはより効果的な「支持」となります。料理が得意な子からレシピを貰ったり，サッカー少年からフリーキックのコツを伝授してもらうなど，児童生徒が興味をもったり得意とする「窓」[6]に着目し，「弟子入り」[7]することは，確実に自尊感情の高揚につながります。

（4）その他の指導法

　構成的グループ・エンカウンターやソーシャルスキル教育の中には，自己効力感・自己肯定感を高めるためのエクササイズが多数工夫されています。学級（ホームルーム）の実態に合わせて適当なエクササイズを採用するとよいでしょう。2例示します。

❶ 友人の「良いとこ探し」
① 5〜6人のグループをつくり，円形に並ぶ。
②「勇気がある」「優しい」「信頼できる」等，良い点を表す言葉を30ほど書いた用紙と記録用紙を配布する。
③各自，自分を含めたグループ全員の特徴を表す言葉を3語選び，記録用紙に理由とともに記述する。
④順番に円の中心に座り，周囲の者は中央に座った級友に，記録用紙に書いた内容を伝える。
⑤全員の発表が終わったら，中央に座った人は自分の記録用紙を読み，級友からもらった言葉についての感想を述べる。
⑥グループ活動が終了したら，全員が円形になるように椅子を移動し，

「自分が選んだ3つの言葉のすべてがグループの人から指摘された人？」「グループの人が選んでくれた言葉に納得できた人？」等，指導者がまとめの質問をする。

❷「長所と短所は紙一重」

自分の短所を書いた用紙を級友と交換し，短所として書かれた部分を長所に書き替えるというものです。

次の例にあるように，自分では短所と感じていた点が，見方を変えると長所になるという体験を通して，自分の「良さ」に気づくことが期待されます。

私は（けち　　　　　　）	あなたは（節約家　　　　　　）
私は（恥ずかしがり屋　）	あなたは（気配りがある　　　）
私は（消極的　　　　　）	あなたは（慎重に行動する　　）
私は（泣き虫　　　　　）	あなたは（感受性が鋭い　　　）
私は（話が下手　　　　）	あなたは（聞くのがうまい　　）

❸「そばセット」

近藤は先述したように[3]，自尊感情を基本的自尊感情（Basic Self Esteem：BASE）と社会的自尊感情（Social Self Esteem：SOSE）に分け，それを測定する尺度を考案し「そばSOBE-SET（Social and Basic Self Esteem Test）セット」と名づけています。

同書には，「自尊感情を育む実践は『共有体験（体験の共有と感情の共有』に尽きる」との考えの基，いくつかの実践例が紹介されています。映像，絵本等を使った授業例はとても参考になります。

参考文献

1）文部科学省『生徒指導提要』2010年
2）國分康孝（監）『カウンセリング心理学事典』誠信書房，2008年

3) 近藤卓『子どもの自尊感情をどう育てるか』ほんの森出版，2013年
4) 古荘純一『日本の子どもの自尊感情はなぜ低いのか』光文社，2009年
5) 水谷大二郎『親と子の交流分析』法政大学出版局，1990年
6) 山中康裕『臨床ユング心理学入門』PHP研究所，1996年
7) 青木省三・塚本千秋（編）「心理療法における支持」『こころの科学』No.83，日本評論社，1999年

課題解決を助ける

(1) 課題解決を助ける様々な手法

　課題解決とは，問題の解決だけでなく，現状をさらによりよく改善することを含みます。

　次の例は「背が低いことへの悩み」の相談例ですが，悩みを問題として捉えるのではなく，前向きな考え方をもてるよう支援するということで，開発的教育相談の事例として挙げました。

> 生徒①「俺，背が低いでしょ」
> 教師①「うん，うん，低いよね」
> 生徒②「だから，女の子にもてないんだよね」
> 教師②「そうか。女の子にもてないんだ。辛いよね」
> 生徒③「だから，人生，絶望っていう感じなんだ」
> 教師③「う〜ん。そうかぁ。絶望って感じちゃうよね」

　こんなやりとりが散見されます。受容・共感を技法と考えた結果です。実際には，次のように対応しているのではないでしょうか。

【A】「背が低いともてないの？」「もてないと人生絶望になるの？」と，生徒の誤った思い込みを正そうとする。

【B】「もてた時あったでしょ？」「それはどんな時だった？」「そうするにはどうしたらいいかな？」と徐々に考えを深めさせる。

【C】「もてたい」という願い以外のことに目を向けさせたり，「もてる」ために自分の行動をどう変えたら良いかを考えさせる。

【D】「もてない」理由を明らかにし，それが「悪口をいってしまう」であれば，その回数を少しずつ減らす目標を立て，毎日点検させる。

【A】から【D】はそれぞれ，論理療法，短期療法，現実療法，行動療法，の考え方を基にした対応の例を示しています。課題解決を支援したり，問題解決的教育相談を進める場合は，共感的な人間関係を大切にしながらも，指導・助言・説諭・説得等の能動的なはたらきかけが必要な場面も多々あります。

教育相談の「技」の中には，生徒指導に活かせるものがたくさんあります。技法をそのまま真似るのではなく，「技」を支える「心」を学び，児童生徒の課題解決に役立てていくことが大切です。

（2）論理療法に学ぶ

論理療法は，英語の語呂合わせから「ABCDE理論」と言われ，問題や悩みは（Consequence）その原因と考えられる出来事（Activating-event or experience）によって起こるのではなく，その出来事をどう受け止めたか（Belief）によって引き起こされると考えます。

ですから，問題の解決を支援するには，誤った受け止め方（イラショナル・ビリーフ）を反論（Discrimination and dispute）によって変えること（これがEffect＝効果）を目標にします。

誤った受け止め方とは，論理的でない（事実に基づかない），過度に一般化された思い・考えのことで，「～すべき」「～でなければならない」「～して当然である」などと表現されることがしばしばみられます。

先の例では，「背が低いこと」（A）が「人生を絶望視」させている（C）

のではなく,「背が低いともてるはずがない」という誤った思い込み（B）が悩みを生んでいるのです。「ふんふん」と頷くだけでなく，正しい情報を提供するなどして，誤った思い込みを変えさせる必要があります[1]。

（3）短期療法（ブリーフセラピー）に学ぶ

短期療法は「ブリーフセラピー」の訳語で，問題解決の短期化を目指す心理療法を総称します。短期・効率化という面だけを強調すると誤解を受けやすいので，「解決志向法」という用語が適しています。

「解決志向」とは「問題志向」と対をなす言葉です。「問題志向」が問題を見据え，その原因の探索・除去により問題解決を図るのに対して，「解決志向」は解決の状態（目標）を具体的に設定し，その状態を日常化することを目指します。

ブリーフセラピーの考え方・手法では，ソリューション・フォーカスト・アプローチが代表的です。児童生徒の問題の背景にはその子なりの良さ（リソース）があると考え，そこに積極的に関わっていくのです。「例外探し」に挑戦してみてください。「訊く」ことにより，自分の考えを整理させることも効果的です[2], [3], [4]。

（4）現実療法に学ぶ

現実療法は，願望・行動・見方が現実的なものであるかを評価させ，責任性の高い行動を計画・実行させることを目指します。実行に当たっては，所属感や自尊感情の充足等5つの基本的欲求の充足を支援します。

例えば，万引きをした生徒が「親に愛情を受けないで育った」「1日1000円の小遣いがあれば万引きなどしない」と訴えたらどう対応するでしょう？　愛情飢餓には共感できても，過去は変えることはできません。現実離れした要求に応じることもできません。

最初に「願望」を検討します。「1日1000円」は妥当な額でしょうか。現実に実現不可能であれば目標値を下げる必要があります。「行動」はどうでしょう。必要額を満たす努力（無駄遣いをしない，お手伝い等によって収入を得るなど）をしなければなりません。

最後に「見方」です。万引きは明白な犯罪行為です。この自覚が求められます。

このような指導の根底には，「愛され，価値ある存在だと思われていると感じたとき，初めて非現実的行動の拒絶と責任ある行動の教示が可能となる」との考え方があります[5),6)]。

（5）行動療法に学ぶ

行動療法では，問題の原因は「誤った反応の仕方を身に付けてしまった」か，「正しい反応の仕方を身に付けていない」かのいずれかであると考えます。したがって，「誤った反応の仕方の除去」または「正しい反応の仕方の学習」が問題の解決方法となります。心を治すのではなく，行動を変えることが目標となるのです。

行動療法には多様な手法が工夫されています。「強化法」は代表的なもので，「報酬」への期待感から好ましい「行為」へと導くものです。「がんばりシール」「読書マラソン」等の取組に代表されます。「系統的脱感作法」は，系統的（段階的）に脱感作（敏感でなくなる）していく方法で，不登校児童生徒が小さな目標を少しずつ達成しながら，登校への不安を軽減していくなどの取組例が見られます。

他にも行動療法の考え方は生徒指導の場面の随所で活かされています。約束事を書面に記す（行動契約法），教師が模範を示す（モデル提示法），問題解決の道筋に沿った質問に答えさせる（問答式問題解決法）などがあります。

なお，認知行動療法という言葉を耳にすることが多いと思いますが，これは，行動の問題の背後の考え方やものの見方に直接はたらきかける

ことによって行動変容を達成しようとします。先述した論理療法が代表的なものです[7]。

参考文献
1) 伊藤順康『自己変革の心理学』講談社，1990年
2) 宮田敬一（編）『学校におけるブリーフセラピー』金剛出版，1998年
3) 森俊夫『先生のためのやさしいブリーフセラピー』ほんの森出版，2000年
4) 森俊夫・黒沢幸子『解決志向ブリーフセラピー』ほんの森出版，2002年
5) グラッサー『現実療法』サイマル出版会，1972年
6) 柿谷正期・井上千代『選択理論を学校に』ほんの森出版，2011年
7) 津川秀夫・大野裕史（編著）『認知行動療法とブリーフセラピーの接点』日本評論社，2014年

5 共感能力を高める

（1）共感能力を高める意義

　共感能力は、「相手の気持ちをあたかも自分のことのように感じ取れる能力」のことです。いじめられる子の気持ちが理解できる，恥ずかしい思いをしている友人の思いを汲み取ることができるなど，共感的理解の基盤となるものです。
　共感能力を高めることは，いじめ等の未然防止や安心・安全に過ごせる学級（ホームルーム）づくり等に役立ちます。また，共感的に理解しあえる人間関係を育てることは，児童生徒に自己存在感や自己決定の場を与えることとともに，自己指導力の育成の重要な役割を担っています。

（2）ロールプレイングを活用する

　ロールプレイングは「役割演技」と訳されますが，「演技」というと

脚本を元に演じるイメージが強く出てしまうので、そのまま「ロールプレイング」という用語を使います。「自分なりに自発的に」との本来の意義を押さえる必要があります。

　進め方は、「班長が清掃をサボる人を注意する」等の場面を想定し、班長と班員の役割を設定し、即興で筋書きのないやりとりを演じ、その後、「振り返り」を行います。この例では、いつも清掃をサボる子が班長役を経験することで、班長の苦労を実感することが期待されます。ロールプレイングの実施には、次のような手順・配慮に留意することが大切です。

❶ ウォーミングアップ
　参加者が安心して自由な自己表現ができる雰囲気を醸成するとともに、参加意欲を高めるためのウォーミングアップが重要です。構成的グループ・エンカウンターのエクササイズを全員で行う等の工夫が必要です。

❷ 場面設定・役割分担
　教員研修では、「母親がわが子のいじめの被害を担任に訴えに来た場面」等、目的に応じた場面設定を行います。
　参加者は4人1組となり、母親、担任、進行、観察・記録の役割を分担します。進行役は進行が滞ったり、険悪な雰囲気が生まれてしまった場合に、助言・指示を与えたり仲裁役に回ります。観察・記録者は「振り返り」で感想を述べたり、全体の場での発表者となったりします。

❸ ロールプレイングの実施
　自由な展開が原則ですが、演者が感情的になったり、問題が深刻化するときは、進行役の判断で一定の方向性を指示します。また、混乱が予測されるような場合は、あらかじめ脚本を作成しておきます。なお、実施時間は5分程度が一般的です。

❹ 振り返り

　進行役が司会を務め，ロールプレイングを通して感じたことなどを自由に発表し合います。別の展開を試してみたい時はその機会を設けます。

❺ まとめ

　各グループの観察・記録役が短時間で実施の様子や振り返りでの主な意見を発表します。教師のまとめの言葉で終了しますが，ロールプレイング中のやりとりをその後も引きづったり，不快な感情を味わったりする者がいないか注視し，時にはアフターケアを行います[1]。

(3) 役割交換書簡法（ロールレタリング）を活用する

　役割交換書簡法は「ロールプレイングの手紙版」と言われます。相手への手紙を書き，次に，自分が「相手」になりきって「自分」に手紙を書きます。このやりとりを何回か続けるというものです。歴史は浅いのですが，次に示すような効用があるため，司法・矯正機関を中心に幅広い分野で活用されています。

(1) 文書化することで自分の気持ちをはっきりと感じ取ることができる。（感情の明確化）
(2) ふだん口にできないことも，紙の上なら比較的抵抗なく書くことができるため，すっきりした感情を味わうことができる。（カタルシス作用）
(3) 相手の立場に立って考えることができる。（他者受容）
(4) 繰り返し実施することで自分の問題に気づき，課題の改善や自己像の修正に向かうことができる。（自己カウンセリング）

　なお，「相手」への抵抗感がある児童生徒には，例えば時計等教室内にある「物」を介してやりとりをさせることができます。文章表現が苦手な児童生徒の場合は，「相手の立場で考えて欲しい点」を空欄にした次のような文章完成法を応用する方法もあります[2]。

(例) 喫煙指導の際，母親の立場から自分に書いた手紙

> 先生から喫煙のことを聞き（またやってしまったか）と思い，（残念な）気持ちになりました。先生は（今度こそ許せない）と思っていますよ。あなたは（お父さんをにくんでいるから）こんなことをするのですね。母さんの願いは（お父さんと仲直りしてほしい）ことです。
> 　　　　　　　　　　　　　　　　　　（〇〇）へ。母より。

(4) 内観法を活用する

　内観法は日本生まれの心理療法の一つです。正式には，数日間宿泊して1日15時間ほどの「内観」を行うので，学校で実施するには無理があります。しかし，「3分間内観法」「作文内観」「自己観察法」「集団内観」等[3]，やり方を工夫して成果を上げている例があります。

　内観療法の根幹をなす内観は，①お世話になったこと，②して返したこと，③迷惑をかけたこと，の3点を冷静に振り返ることです。これを時間を短縮したり，方法を簡略化することにより，学校での活用が可能になります。

　例えば，「3分間内観法」は，帰りの会（ショートホームルーム）で，各自が1日を振り返り，友達に「してもらったこと」や「迷惑をかけたこと」を想起させ，それに対して自分が「して返したこと」を記録させていく方法です。これに，共感力向上の視点からのコメントを付けることで，「文字を通した教育相談」の成果を得ることがあります。

（5）場面記述法を活用する

　場面記述法は自己理解を深める自己カウンセリング[4]で使われる手法ですが，その活用範囲は広く，特に二者間のトラブル指導には有効です。通常，次のようなステップを踏みますが，発達段階や問題の状況等によって適宜工夫するとよいでしょう。

(1) １枚の用紙（Ａ３判程度が望ましい）の中央に線を引き，左側に「相手がしたこと，言ったこと」を，右側に「自分がしたこと，言ったこと，感じたこと」を記述します。この場合，複数の言動・思いはまとめないで，相手の言動と自分の言動を交互に書きます。
(2) 記述を読み返し，自分の欄と相手の欄の違いや感想を記録します。
(3) 「この時の気持ちは」「そんなふうに受け止めたんだ。○○（相手）は違った気持ちだったようだね」などと，教師と共に振り返ります。
(4) 相手の言動に対する自分の気持ちに誤解や曲解があった場合には，当初の記述を訂正します。
(5) 双方の場面記述の点検・検討が済んだら，一緒にトラブル場面を振り返り，お互いに「今の気持ち」を伝え合います。

参考文献

1) 金子賢『教師のためのロールプレイング入門』学事出版，1992年
2) 杉田峰康（監）春口徳雄（編著）『ロール・レタリングの理論と実際』チーム医療，1995年
3) 「内観法を活かした生徒指導」『月刊生徒指導』1985年11月号，学事出版
4) 渡辺康麿（編著）『自分を発見するワークペーパー32』学事出版，2000年

6 表現力を育む

(1) 自己表現力の大切さ

学習指導要領の「総則」には，小・中・高等学校共に「言語に関する能力の育成」のため「言語活動を充実」する旨の記述があります。また，いじめ防止対策推進法では，「心の通う対人交流の能力の素地を養うこと」がいじめ防止に資することが明記されています。

これまでも「自分の考えを論理的に表現する能力」（中央教育審議会）や，「自分の考えや思いを的確に表現する力」（教育課程審議会）を育てることの重要性が指摘されてきましたが，近年，特にコミュニケーション能力の減退への懸念の声が高まり，自己表現力の向上が喫緊の課題の一つとなっています。

(2) 自己表現訓練（アサーション・トレーニング）

アサーション・トレーニングは，1970年代にアメリカにおいて，行動療法の一技法として提唱され，日本には80年代に紹介されました。

アサーションとは，「自分も相手も大切にしようとする自己表現で，自分の意見，考え，気持ち，欲求などを正直かつ率直に，その場にふさわしい方法で述べること」を意味しますが，同時に「伝えるばかりでなく，相手の伝えたいことをきちんと受け取り理解して聞こうとする姿勢」をも伴うものです[1),2)]。

自己表現には，①攻撃的（一方的な主張），②非主張的（遠慮がち），③アサーティブ（自分も相手も大切にする）に大別されます。目指すのはアサーティブな自己表現です。自分の思い・考えを相手がわかるように表現するとともに，相手の考えや気持ちを尊重する態度を育むことが目標です。しかし，いつも「そうあらねばならない」と考える必要はあ

りません。

　実際の進め方については多くの書籍が参考になります。鈴木[3]は，デスク法（アサーティブな台詞づくりの手順）を基に，「み・かん・てい・いな」法を考案し実践しています。

　これは，「み」（見たこと・事実の確認），「かん」（感じたこと・思ったこと），「てい」（提案・お願い），「いな」（提案を否定された場合を予想した次の案）の手順を踏ませて，アサーティブな表現を身に付けさせようとするものです。

(3) 集団討議法（グループ・ディスカッション）

　グループ・ディスカッションの効用を調べた研究[4]は，実施に伴い，自己表現力や相互理解が促進され，次のような成果が期待できることを明らかにしています。
(1) 率直な自己表現がされるようになると，仲間の気持ちを考えたり，支えようとする姿勢・態度が見られるようになる。
(2) 自己表現で洞察が進み，さらに深まった表現ができるようになる。
(3) 自由な自己表現を楽しむようになると，自信が生まれ積極的になれる。
(4) 自分の気持ちと照らし合わせながら，全体の関係や様子を把握できる。

　小グループの話し合いはグループ成員間の相互作用が効果的に働くため，学級（ホームルーム）全体を対象にするよりもきめ細かな配慮が必要です。グループの規模，メンバーの構成，リーダーの力量，教師の関与の仕方等について事前に十分検討しておくことが大切です。

　なお，教師が進行役になる場合には，個々の意見をしっかり傾聴したり，機に応じて自分の体験を述べる（自己開示）が重要です。先の研究でも，「子どもたちの自己表現は，周囲の者の『聴く』姿勢によって支えられ，促進される」ことが指摘されています。

　このような集団討議法は，バズ討論法，パネルディスカッション，デ

ィベート法，クラス会議等，様々な工夫がされています。自分の意見を正しく伝える姿勢とともに，相手の意見に耳を傾ける態度が身に付けられるよう，発達段階に応じた適切な指導が望まれます。

(4)「書くこと」(ライティング・メソッド)

言葉での表現は苦手だが文字，作品制作，動作等他の方法でなら，自己表現を得意とする児童生徒がいます。最終目標は「言葉」による自己表現であっても，そのウォーミングアップとして，得意分野を活用することは意義あることです。

文字による表現は，作文，学級日誌，交換日記，班ノート，手紙，メール等，様々な機会があります。このような「書くこと」を通して自己表現力や自己洞察力等の向上を図る取組は，「ライティング・メソッド」と総称されます。

この手法の成否を分けるのが教師のコメントです。児童生徒が書き綴った内容をまずは肯定的に受け止め（受容），重要と思われる点は「〜と思っているのですね」などと「繰り返し」「要約」「明確化」をすることが大切です。「書くことを通した教育相談」と考えればよいでしょう。

(5) 動作法・作品作成法

言葉による表現が苦手でも，遊び，運動，作業，制作等により上手に自己表現している児童生徒に出会うことがあります。このような機会を通して，自己表現することの不安感を払拭したり，自己表現する喜びを感得させたりすることができます。

遊戯療法，作業療法，音楽療法，絵画療法等は，教育相談ではアセスメントあるいは心理療法として使われていますが，表現力向上にも役立ちます。安心して自己表現ができることを体感することで，言葉による自己表現に自信をもつことが期待されます。

（6）その他の方法

　人前で話すことが苦手であったり，語彙が少なく会話を円滑に進めることが難しい児童生徒に対しては，カードに話す内容をメモさせたり，表現の仕方を教えたりすることが大切です。

　表現しやすくさせる工夫も必要です。ゲシュタルト療法に「エンプティチェア」という手法があります。いじめ問題の指導において，いじめてしまった児童生徒に対して，「この椅子に（君がいじめた）Ａ君が座っていたら，どんな話をしたいですか。何を言っても構いません」と指示するなどの活用例があります。

　発達段階が低い場合には「継ぎ足し話」が有効です。教師と児童が短い言葉で交互にストーリーを作っていきます。教師「ここにジュースがあります」。児童「○ちゃんのお家の冷蔵庫にはたくさんあります」。教師「○ちゃんはそのジュースを飲むのが大好きです」。児童「でも，○ちゃんはいつもお母さんから叩かれます」。

　このようなやりとりをしている中で，普段は口にしないことをポロリと表現することがあります。表現力の向上という目的以外の「収穫」も期待されるので，児童生徒との会話の際には個々に合った手法を工夫する必要があります。

参考文献
1) 平木典子（監）鈴木教夫（編著）『アサーション・トレーニング1　学校編』汐文社，2014年
2) 平木典子『アサーショントレーニング』日本・精神技術研究所，1993年
3) 園田雅代（監・編著）鈴木教夫・豊田英昭（編著）『イラスト版子どものアサーション』合同出版，2013年
4) 東京都立教育研究所教育相談研究室『いじめ問題の解決に向けて自己表現を促す試み』1999年

7 自己調整力を培う

(1) 自己調整力（セルフ・コントロール）

　自己調整力は，自分の衝動・感情・欲望・行動等を調整できる能力のことです。置かれた環境にはたらきかけて安定した状況を創造するという促進的な面から，怒りやストレスを統制する抑制的な面までをも含む概念です。

　かつて，「ムシャクシャする」感情からの問題行動が話題になったことがありましたが，最近では児童生徒の問題行動が「キレる」という言葉で説明されることが多くなりました。このため，アンガーマネジメント等，統制的な調整力に目を奪われがちですが，林[1]が「構成力」と名づけた「自分の欲望や感情をコントロールし，自分なりの適切な生活の目標と秩序を設定し守る能力」の育成という視点は重要です。

(2) ストレス・マネジメント

　ストレス・マネジメントは，「ストレスの概念を知る（第1段階），自分のストレスの反応に気づく（第2段階），ストレスの対処法を修得する（第3段階），ストレスの対処法を活用する（第4段階）」という4つの段階で構成されます[2]。

　ストレス・マネジメントは，漸進性弛緩法，呼吸法，自律訓練法，イメージ法，暗示法等，自己コントロール法に基づくスキル（技法）と，アサーショントレーニングやソーシャルスキルトレーニング等の対人関係に基づくスキルとに大別されます。

　身体活動を通してリラクゼーション（身体の弛緩・心理的安静感）を得る漸進性弛緩法，腹式呼吸により気持ちを落ち着かせる呼吸法，穏やかな音楽を流しながら静かに語りかける暗示法等は，試合や受験の前に

自己トレーニングとして行うと効果的ですが，教師が治療的に用いることは学校教育相談の範疇外であることを自覚する必要があります。

（3）アンガーマネジメント

アンガーマネジメントは，自分の怒りや苛立ち（anger）に向き合い，その要因・背景・傾向を客観的に把握することで，衝動性が高まっても自分を抑制できるよう習慣づけることを目標とします。職場内での人間関係の葛藤・トラブルを背景に，企業での社員研修に導入する動きが活発ですが，学校における暴力・いじめ等の問題への対処法の一つとして注目されています。

アンガーマネジメントは，①興奮した身体・心を鎮める，②感情・考え方等に気づかせる，③行動を変えたいという動機づけをする，④適切な怒りの表現の仕方を学ぶ，⑤新たな行動パターンを練習する，という5つの過程を学んでいきます。この流れは教育相談の観点からは，ストレス・マネジメント，認知の変容プログラム，ソーシャルスキル教育の手法が効率的に配列されたものとなっています。

児童生徒向けの書籍[3),4)]も発行されていますが，実施に当たっては，アンガーマネージメント研究会等の研修会や参考図書[5)〜8)]を通して，進め方や留意点を学ぶことが求められます。

（4）自律訓練法

自律訓練法とは，心と体をリラックスさせ，心の中で一定の公式（腕が重い，腹部が温かい等の言葉）を繰り返すことによって，心身の安定を図る方法で，元来はドイツの精神科医シュルツが創始した精神療法（自己催眠法）の一つです。

水泳を怖がる，跳び箱を前に萎縮する，試合等の前に極度に緊張する，予期不安から体がこわばってしまう子等に対して，自律訓練法を試みたところ，成果が上がった例が報告されるようになり，教育の場でも自律

訓練法の基本的な考え方や手法が広まっていきました。

　しかし，実施に当たっては自律訓練法を熟知している人の指導を仰ぐことが重要です。専門的訓練を受けることなく，付け焼刃的な活用は厳に慎まなければなりません。まずは，教師自身が次のような標準練習を行う必要があります[9]。

> 基礎公式：安静感「気持ちがとても落ち着いている」
> 公式　1：重　　感「右・左の腕（脚）がとても重い」
> 公式　2：温　　感「右・左の腕（脚）がとても温かい」
> 公式　3：心臓調整「心臓が静かに規則正しく打っている」
> 公式　4：呼吸調整「とても楽に呼吸をしている」
> 公式　5：腹部温感「胃のあたりがとても温かい」
> 公式　6：額部冷感「額が涼しい」
> ＊以上の7つの公式を順番に行う。自己催眠状態となり，めまいや脱力感が生じることがあるので，次の取消し動作（消去行為）を行う。　手の開閉・ひじの屈伸・背伸び・深呼吸

（5）イメージ法・フォーカシング

　催眠中は自分自身の心の中の世界に没入することで，想像（イメージ）力が活発になるといいます。この傾向を活かして，現実の問題や予測されるストレス等をイメージの中で克服する体験をしたりすることをイメージ療法といいます。

　フォーカシングは，「焦点づけ」と訳される，ジェンドリンによって技法化された心理療法です。漠然と感じながらも言葉や行動になっていない微妙な感覚に焦点を当てることで，そこから意味を見出すものです。心に感じられた「微妙な感覚」（フェルトセンス）を静かに感じ取り，それに合う言葉やイメージをもちます。現れたら，フェルトセンスに名前をつけたり，話しかけたりします。その後，言葉やイメージがどこか

ら出てきたのかを尋ねて一連の動きを終えます[10]。

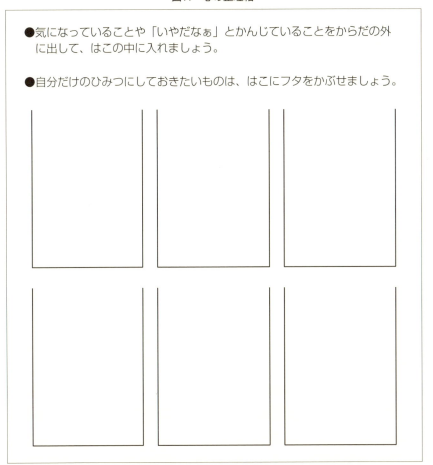

図11　心の整理箱

●気になっていることや「いやだなぁ」とかんじていることをからだの外に出して、はこの中に入れましょう。

●自分だけのひみつにしておきたいものは、はこにフタをかぶせましょう。

　学校ではこのような専門的対応はしません。これを応用したクリアリング・スペース（「心の整理箱」等）のような，簡易に実施できるよう，様々な工夫がされています。これは，気がかりなことを自分の心の外（心の空間）に整理していく方法で，その場所に箱が使われることが多いので，「心の整理箱」と呼ばれます。

参考文献

1) 林道義『父性の復権』中央公論社，1996年
2) 山中寛・冨永良喜（編著）『ストレスマネジメント教育』北大路書房，2000年
3) ジェリー・ワイルド『自分の怒りをしずめよう―子どもためのアンガー・マネジメント・ガイド』東京書籍，2008年
4) 安保寛明（監修）野津春枝（著）『思春期・青年期版アンガーコントロールトレーニング　怒りを上手に抑えるためのワークブック』星和書店，2013年
5) 本田恵子『キレやすい子の理解と対応―学校でのアンガーマネジメント・プログラム』ほんの森出版，2002年
6) 本田恵子『キレやすい子へのソーシャルスキル教育』ほんの森出版，2007年
7) 本田恵子『キレやすい子へのアンガーマネジメント』ほんの森出版，2010年
8) 大河原美以『怒りをコントロールできない子の理解と援助』金子書房，2004年
9) 松岡洋一・松岡素子『はじめての自律訓練法』日本評論社，2013年
10) 村山正治（編）「フォーカシング」『現代のエスプリ』382，p.112，1999年

8 相互支援を進める

（1）相互支援による豊かな人間関係づくり

　児童生徒にとって最も身近に存在し，最も気軽に相談できる相手は「仲間」です。共感的人間関係の確立は自己指導能力の育成を目指す生徒指導の大きな柱の一つであり[1]，学習指導要領「総則」にも「児童（生徒相互の好ましい人間関係」の構築の重要性が示されています。

　これまでも，学級（ホームルーム）でのオープンカウンセリングや児童会・生徒会中心の相互支援活動が行われてきましたが，最近では，教育相談の知見を基盤にした，より専門的・組織的な相互支援体制が展開されるようになりました。

　特に「いじめ問題」への対応において，外国の実践[2,3]が紹介されてからは，ピア・サポート（ピア・カウンセリング）やコンフリクト・マネジメント等の実践が進みました。

(2) ピア・サポート

「ピア」とは「同輩」を意味します。したがって，ピア・サポートは「同年代の仲間への支援」を指しますが，広義には，癌患者同士が励まし支え合うように「同じ境遇にある者同士の支援」の意味でも使われます。また，支援の中心が相談活動にある場合に「ピア・カウンセリング」，人間関係の調整（仲直り）が主目的の場合は「ピア・メディエーション」と呼ばれたり，「ピア・ヘルピング」が同義に使われることもあります。

ピア・サポートは，「教職員の指導・援助のもとに，児童生徒等相互の人間関係を豊かにするための場を各学校の実態に応じて設定し，そこで得た知識やスキルを基に，仲間を思いやり支える実践活動」と定義されています。

活動例としては，遠足等の学校行事での異年齢交流，児童生徒相互の学習サポート，生徒会活動や保健委員会活動等による仲間支援などがあります。2002年に日本ピア・サポート学会が創設され，優れた実践例の開発・報告が活発に行われています[4),5),6)]。

(3) コンフリクト・マネジメント

コンフリクト (conflict) は「意見や利害の衝突・対立・葛藤」を意味します。コンフリクトはマイナス評価を受けがちですが，こうした状況を組織活性化の機会と捉え，積極的に受け入れて問題解決を図ろうとする考え方をコンフリクト・マネジメントといいます。主として企業において実践されていますが，教育面での成果も報告されています。

コンフリクト・マネージャーは，ピア・サポーター同様，相談の基本姿勢や傾聴訓練を受け，対立する児童生徒間の意見調整を図る等の活動を行います。

なお，「ティーン・コート（10代の法廷）」の取組もこれに近いもので，平塚の報告[7)]にあるように，いじめ問題等に成果を上げています。

(4) グループ・カウンセリング

　グループ・カウンセリングは，数人のグループを対象に面接を進める方法です。問題解決を目指して同じ悩みや課題をもつ者を対象に行う場合と，人間関係の深化や自己表現力の向上のために，任意のグループを組んで実施する場合があります。

　グループ・カウンセリングには次のような成果が期待されます。

(1)　集団からの受容体験から仲間意識が生まれ，孤立感が解消される。
(2)　仲間が同じ悩み等をもつことを知り，安心感を得る。
(3)　新たな発想や見方に触れ，自分の思いや考え方を検証できる。
(4)　グループ内での助言や励ましにより，相互援助を体験できる。
(5)　抑圧された感情をグループ内で転移する可能性がある。
(6)　メンバー間の相互理解が深まり，豊かな人間関係が構築される。
(7)　自由な自己表現が保証される中で，「カタルシス」効果が得られる。

(5) オープン・カウンセリング

　オープン・カウンセリング（開かれた相談）は，進め方によって，ワイド相談と代表相談に分けられます。いずれも相談室という個人情報保護が担保された相談ではなく，相談内容や進め方が第三者の目に触れる中で進行されます。

　ワイド相談は全校児童生徒や学級（ホームルーム）を単位として実施されるもので，生徒会主催の「新入生オリエンテーション」で，生徒会役員が新入生の悩みに答えたり，学級（ホームルーム）活動の折に担任が相談に応じる形で進められます。この場合，学級（ホームルーム）や部活等の代表を相談者としてあらかじめ決めておくのが代表相談です。相談内容は学校全体に関わることや人前でも相談しやすい内容が前提となりますが，文書による相談の形をとることにより名前を伏せることが

できます。

　相談を受ける側は助言を与えるだけでなく，「同じような悩みをもっている人は『グー』の手を，そうでない人は『チョキ』の手を挙げてください」，「誰か私の代わりに答えてくれる人はいませんか」などと，問題を全体に投げかけ，一緒に考えていくのも一つの方法です。

(6) 協同学習

　文部科学省が作成した「交流及び共同学習ガイド」では，障害のある子どもとない子どもが共に教育活動に参加することを「共同」としています。また，「学校教育の情報化に関する懇談会」では，「子どもたち同士が教え合い学び合う協働的な学び」を「協働学習」としています。

　「相互支援による豊かな人間関係づくり」の視点からは，小集団の相互の人間関係を基に進める「協同学習」という用語が広く使われています。杉江[8]によると，協同的な学びをうまく機能させるには，①促進的相互依存関係，②対面的な相互作用，③個人の責任，④対人技能や小集団の運営機能，⑤集団改善手続き，の5つの基本的構成要素を満たす必要があるといいます。

　協同学習を進めるに当たっては，次の2点に留意する必要があります。

(1) 佐藤[9]が指摘するように，グループの学び合いに参加できない児童生徒及びグループへの支援を行う。
(2) 「愛する・しつける・教える・考えさせる」という児童生徒と接する際の基本原則を踏まえ，「考えさせる」前に「教える」段階を丁寧に扱う。

参考文献
1) 文部科学省『生徒指導提要』2012年
2) ヘレン・コウイー＆ソニア・シャープ（編）『学校でのピア・カウンセリング』

川島書店，1997年
3）矢部武『アメリカ発いじめ解決プログラム』実業之日本社，1997年
4）中野武房・日野宜千・森川澄男（編著）『学校でのピア・サポートのすべて』ほんの森出版，2002年
5）中野武房・森川澄男他（編著）『ピア・サポート実践ガイドブック－Q＆Aによるピア・サポートプログラムのすべて』ほんの森出版，2008年
6）春日井敏之他（編著）『やってみよう！ピア・サポート』ほんの森出版，2011年
7）平墳雅弘『生徒が生徒を指導するシステム』学陽書房，2003年
8）杉江修治『協同学習入門－基本の理解と51の工夫』ナカニシヤ出版，2011年
9）佐藤学『学校の挑戦－学びの共同体を創る』小学館，2006年

9 集団構造をつかむ

（1）学級（ホームルーム）集団構造の理解

　学級内の人間関係を把握することは，いじめの早期発見に役立つだけではなく，小集団での活動を行う際のグループ分け，小集団を活用した指導等をより効果的に行うことにつながります。

　このため，これまで多くのテスト法が開発されたり，教育研究所等が独自に作成したりしています。このような調査法は妥当性・信頼性に優れていますが，児童生徒との人間関係の確立や把握した実態を指導に活かすという観点からは，教師の日常の観察やさりげないやりとりが極めて有効です。

（2）ソシオメトリック・テスト

　ソシオメトリック・テストは集団内における個人の好悪感情（選択）と反発感情（排斥）を基に，その集団の構造・凝集性や個人の集団における位置等を測定するもので，モレノによって考案されました。

　実施方法は簡便で，選択・排斥の基準となる具体的場面（遠足の班等）を示し，学級（ホームルーム）の中の友人の名前を5名程度挙げてもら

います。

　元々は「同じグループになりたい人」（選択），「同じグループにはなりたくない人」（排斥）を選ばせていましたが，「排斥」の名前を挙げることは人権上の問題があり，児童生徒にとっても友人の名前を挙げにくいことから，「選択」だけで行うことが多くなりました。

　結果の処理は縦線・横線の入ったマトリクスを準備し，次の手順で行います。

(1)　相互選択が最も多かった者の名前を横軸の最上部に記入する。
(2)　(1)の人物と相互選択にある者を相互選択数の多い順に記入する。
(3)　横軸に記入した者は，縦軸にも同じ順番で記入する。
(4)　相互選択がなくなったら，残った者の中から相互選択数の最も多い者の名前を記入し，(1)〜(3)と同じ手順で名前を記入していく。
(5)　(4)の作業が完了したらソシオグラム（結果を図式化したもの）作成の基となる表が完成する。
(6)　この表により，選択の関係をベクトルで図式化する。

　図12は，いじめの未然防止をねらって行われたものです[1]。

　図12からは，問題行動のある者が学級内の第一グループを形成し，その凝集性も非常に高いことがわかります。このグループが学級づくりにプラスにはたらくと大きな力になりますが，小人数グループや孤立がちな生徒を攻撃のターゲットにすると，深刻ないじめ問題へと発展するおそれがあります。

　このように，ソシオメトリック・テストは学級内の力動的な人間関係が手に取るように理解できます。質問紙法を使わなくとも，日頃の観察や「最近，誰とよく遊んでるの？」などの会話を通してソシオグラムを作成することは可能です。

ねらいを明確にするとともに、児童生徒や保護者の理解を得た上で指導に役立てるとよいでしょう。

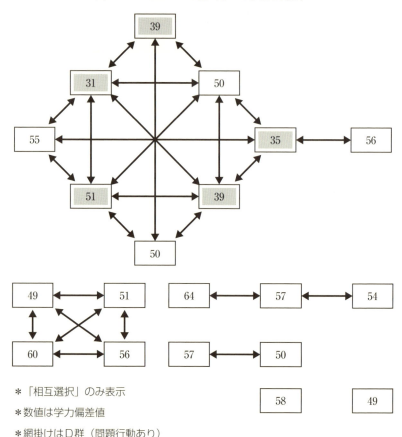

図12 ソシオグラムの例（中2の学級の男子）

* 「相互選択」のみ表示
* 数値は学力偏差値
* 網掛けはD群（問題行動あり）

（3）Q－U(楽しい学校生活を送るためのアンケート)

河村[2]が作成した「学校生活満足度尺度」を基にした質問紙法で、学級診断のアセスメントとして、いじめや不登校の早期発見法として全

第4章　様々な技法を活かす開発的教育相談

国で活用されています。

　縦軸に承認得点（存在や行動が教師や友人等から認められているか）を，横軸に被侵害得点（不適応感を感じたり，いじめ等を受けたりしていない）をとり，得られた4つの象限をそれぞれ「満足群」「非承認群」「侵害行為認知群」「不満足群」とし，「不満足群」には「要支援群」が含まれます。

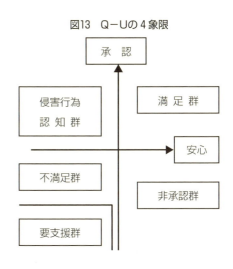

図13　Q-Uの4象限

　テスト用紙などは市販されているので，実施するには費用がかかりますが，短時間で学級内の様子や個々の児童生徒の学級に対する感情等を把握することができるため，多くの実践報告がされています[2), 3)]。

(4) その他の手法

【社会的距離尺度】

　社会的距離尺度は，ボーガスらによって考案された，子ども同士に心理的距離を測定してもらう測定法です。評定を得点化することにより，一人一人が学級等にどの程度親近感を抱いているか，逆に，学級等の成員からどの程度親近感を抱かれているかを，数値で表すことができます。

　例えば，「親友になりたい」（5点），「同じ班になりたい」（4点），「同じクラスになりたい」（3点），「同じ学年でいたい」（2点），「同じ学校でいたい」のように，評定点を決めておき，これを集計して図示することにより，学級等での「心理的位置」を知ることができます。

【ゲスフーテスト】

　ゲスフーテストは，ハーツホーンらによって考案されました。人物推

定法ともいわれ，子ども同士の人物評価を知ることができます。「誰にでも優しい人」「リーダーとして活躍している人」等，性格・行動特性を示し，該当すると思われる級友の名前を挙げてもらいますが，「掃除をサボる人」「いじめをする人」等のマイナス面の質問が問題となることが相次ぎ，最近では実施されることが少なくなりました。

【学級風土質問紙】

学級の個性ともいえる「学級風土」を測定する尺度で，「関係性」「個人発達と目的志向」「組織の維持と変化」の3領域で構成されています。

参考文献

1) 嶋﨑政男「非行傾向のある意識と実態」『東京都教員研究生等研究概要収録』東京都立教育研究所，1981年
2) 河村茂雄『たのしい学校生活を送るためのアンケート「Q-U」実施・解釈ハンドブック小学校編』図書文化社，1998年
3) 河村茂雄『学級づくりのためのQ-U入門』図書文化社，2006年
 ・スクールカウンセリング推進協議会（編著）『ガイダンスカウンセラー実践事例集』学事出版，2013年

10 集団成長を促す

（1）集団を対象にする学校教育相談

『生徒指導提要』[1]では，「第1章 生徒指導の意義と原理」に「集団指導と個別指導の方法原理」の節を設け，「集団指導を通して個を育成し，個の成長が集団を発展させる」ことを強調しています。

教育相談は個別指導に偏りがちですが，「学校教育相談」と「学校」を冠する限り，集団の成長・発展に教育相談の「心」と「技」を存分に発揮する必要があります。

特別活動の目標は，「集団や社会の形成者としての見方・考え方を働

かせ，様々な集団活動に自主的，実践的に取り組み，互いのよさや可能性を発揮しながら集団や自己の生活上の課題を解決することを通して，自己実現を図ろうとする態度等を養う」(「中学校学習指導要領」より)ことにあります。

学校教育相談が目指す集団指導の目標と軌を一にするものです。「望ましい集団活動」「個性の伸長」「人間関係」「自主的・実践的」がキーワードとなっています。これらを実現するため，教育相談の考え方を基にした多様な手法が開発されています。

(2)「クラス会議」の実践

学級やホームルームで，より過ごしやすい環境づくりについて話し合ったり，身の回りに起こった問題の解決策を議論することは当たり前のように行われてきました。こうした中,「クラス会議」[2),3),4),5)]が標題に入った書籍を前に首を傾げる方も多いと思われます。「これまでやってきた学級会などとどこが違うの」と。

その通りです。しかし，諸富をして「私がいま，いちばんオススメの方法です」[6)]と言わしめているのは，アドラー心理学を基盤とする「クラス会議」です。クラス全員が一重の円をつくって座って行う15分間の語り合い。これを毎日続けることでまとまりのあるクラスになるのであれば，挑戦する価値は大いにあります。

隣に座る者同士が肯定的な言葉を交わし合う雰囲気の中，議題（困っていることやよりよいクラスづくりの方策等）の提案も気軽に行えます。ぬいぐるみを手渡ししながら，合図のあった時にぬいぐるみを手にしていた者に発言の優先権を与えることで，広く意見を集約することができます。多くの実践を参考に実践されてみてはいかがでしょう。

(3) 多様なグループワーク

学級（ホームルーム）のまとまりは，運動会や合唱コンクール等にお

いて，共通目標に向かって一丸となって取り組むときに最も成果が上がります。相互理解のキーワードとなる「3つの共かん（汗・歓・感）」がバランスよく発揮されるためです。

共に汗し（協働），共に相手の気持ちを感じ取り（共感），共に歓び（達成感）を分かち合う，「3共かん」をより効果的に進めるには，教師のリーダーシップや集団としての「育ち」（集団効力感の向上等）が成熟していることが求められます。

日頃から班活動や係活動，学級活動でのグループ行動，授業での協同学習，集団宿泊的行事等，集団活動を意図的・計画的に実施するとともに，グループワークを適宜取り入れ，集団の一員としての意識や集団としてやり遂げた達成感を高めることが重要です。

グループワークは集団で行う活動を総称します。共同作業を通して協力の大切さを実感させたり，グループノートを通して自分の気持ちを他人に伝える技術を会得するなど，ねらいに応じた取組を工夫する必要があります。

構成的グループエンカウンターやソーシャルスキル教育における「集団の成長」に資する課題を実施することも一方法です。

（4）特別支援教育とインクルーシブ教育

障害のある子とない子が共に活動することは「双方の子どもたちの社会性や豊かな人間性を育成する」上で重要な役割を果たしています。このため，これまでも多様な交流や共同学習等の取組が展開されてきました。最近では，さらに踏み込んだ提言[7]もあり，インクルーシブ教育の充実が図られています。

通常学級に在籍する児童生徒と，特別支援学級（学校）等に在籍する児童生徒との共同学習や交流は，相互理解を深めるだけでなく，集団や社会の一員としての意識を向上させます。このような機会を学級や学校の集団としての成長に活かしたいものです。

(5) 異年齢集団による交流活動

　異年齢集団の交流活動も自己有用感等を味わう中で，集団の一員としての自覚を高めます。

　この点にいち早く注目していた滝[8),9)]は，体験的トレーニングと「お世話する活動」を組み合わせた独自のピア・サポートプログラムを開発，各地で実践を積み重ねています。

　「小1プロブレム」や「中1ギャップ」の問題が注目され，各学校では学校行事等に異年齢集団活動を取り入れ，幼保・小や中・高の円滑な連続に努めています。このような取組においても学校教育相談の知見を基にした意図的・系統的な方策が求められます。

　また，学校での活動に限らず，行政，地域団体，NPO法人等が行っている，宿泊体験や自然体験も集団意識を高める，集団への適応力を身に付ける，連帯意識や自己存在感を育む等，集団を大切にする心を育てる良い機会となっています。なお，国の援助を受けて設置された「少年自然の家」（国立の施設は2006年以降「国立○○青少年自然の家」と名称を統一）での活動には，集団活動を進める上でのノウハウが蓄積されているので参考になります。

参考文献

1) 文部科学省『生徒指導提要』2010年
2) ジェーン・ネルセン他（著）会沢信彦（訳）諸富祥彦（解説）『クラス会議で子どもが変わる』コスモス・ライブラリー，2000年
3) 森重裕二（著）諸富祥彦（監）『クラス会議で学級は変わる！』明治図書，2010年
4) 森重裕二・但馬淑夫（著）諸富祥彦（監）『はじめちゃおう！クラス会議　クラスが変わり，子どもが変わる。』明治図書，2013年
5) 諸富祥彦『図とイラストですぐわかる　教師が使えるカウンセリングテクニック80』図書文化社，2014年
6) 赤坂真二『赤坂版「クラス会議」完全マニュアル』ほんの森出版，2014年
7) 中央教育審議会初等中等教育分科会『共生社会の形成に向けたインクルーシブ

教育システム構築のための特別支援教育の推進』2012年
8）滝充（編著）『改訂新版ピア・サポートではじめる学校づくり　中学校編』金子書房，2004年
9）滝充（編著）『改訂新版ピア・サポートではじめる学校づくり　小学校編』金子書房，2009年

新訂版
教育相談 基礎の基礎
第5章

問題解決的教育相談の実際

1 発達障害のある児童生徒への対応

(1) 発達障害と学校教育

　対人関係不全や多動等の問題のある児童生徒が目立つようになり，文部科学省が「通常の学級に在籍する特別な教育的支援を必要とする児童生徒」調査を行ったのは，平成14（2002）年のことでした。結果は6.3％であり，この頃から発達障害への関心は急速に広まりました。

　平成15（2003）年には「今後の特別支援教育の在り方について」の報告書が出され，特殊教育から特別支援教育の方向性が定まりました。同17（2005）年には「発達障害者支援法」が施行され，同19（2007）年には，学校教育法の改正により，特別支援教育が明確に位置付けられました。

(2) 発達障害の定義と種類

　発達障害者支援法では，発達障害を「自閉症，アスペルガー症候群その他の広汎性発達障害，学習障害，注意欠陥多動性障害その他これに類する脳障害であってその症状が通常低年齢において発現するものとして

政令で定めるもの」(第2条) と定義しています。

❶ 自閉症スペクトラム障害【Autistic Spectrum Disorder】
　ローナ・ウィングが示した「3つ組障害」(社会性・コミュニケーション・想像力) のあるもの。これまで，アスペルガー障害等に細分化していたものが一括されました。

❷ 特異的学習障害【Specific Learning Disabilities】
　知的発達に遅れはないが，「聞く，話す，読む，書く，計算する，推論する」の特定のことに困難をきたす。

❸ 注意欠陥多動性障害
　【Attention Deficit Hyperactivity Disorder】
　不注意性，多動性，衝動性の3つの特徴のいくつかが組み合わされて出現する。

(3) 二次障害への理解の深化

　当然のことですが，発達障害そのものが問題を生じさせることはありません。誤解・偏見は断じて排さなければなりません。また，障害名を知ることで，「見守るということで何もしな」かったり[1]，「仕方が無い」と諦めてしまうことも厳禁です。発達障害の特性を知り，適切な支援に努めることが求められます。

　また，障害と問題行動等の関連については，偏見を助長しやすいこともあり，研究・事例発表を控える傾向がありました。しかし，現実には障害の特性を知り，適切な対応をしていれば防げた「二次障害」による問題が注目されるようになりました。

　二次障害とは，発達障害に起因する挫折・失敗・叱責等による外傷体験により，感情や発達にゆがみが生じ，このために周囲を困らせたり，心配させたりする行動をとってしまうことを言います。これが，反抗・逃走等の反社会的問題行動として顕在化したものを「外在化障害」，気

分の落ち込み・対人恐怖等の情緒的問題として表れたものを「内在化障害」と呼びます。ADHD の子が，度重なる叱責や罰則を受けるうちに，「反抗挑戦性障害（Oppositinal Defiant Disorder）」や，行為障害に至るプロセスである「破壊的行動障害（Distructive Behavior Disorders）マーチ」は，この典型的な例です。

（4）二次障害と学校教育相談

　特別支援教育充実への機運が高まり始めた頃，司法界でも発達障害と問題行動との関連に関心が高まっていました。しかし，当時は，発達障害と問題行動との関連を論じることには懸念がありました。

　平成17（2005）年に発行された『自閉症裁判』[2]や，2008年発行の『発達障害と少年非行』[3]が，このような風潮に風穴を開けました。私自身も『少年殺人事件』[4]の中に「発達障害が疑われた事例」という章を設けた経緯があります。

　その後，発達障害の二次障害への研究は急速に進んでいます[5]～[7]。その成果は，学校教育相談の在り方にも重要な影響を与えているのですが，「受容と共感」育ちの教育相談関係者には十分浸透していないという問題が急浮上しています。

　受容的・迎合的な面接では，他人の感情を読み取ることが苦手な児童生徒を混乱させてしまいます。「司法面接」（forensic interview）のテクニックが求められる場面で，「ふんふんと頷く」だけの面接は役に立たないばかりか，マイナスの影響を与えてしまいます。

　『発達障害児童の思春期と二次障害予防のシナリオ』[8]には，字義通り性（相手の言葉をそのまま受け止める）のあるアスペルガー症候群の高校生の例が紹介されています。彼が家庭教師の女子大生を映画に誘ったとき，彼女は「残念ね。今度の日曜日は用があるのよ」と断ったそうです。「ノー」の返答です。しかし，彼は「残念ね」に反応。以後つきまとい行為が始まったといいます。

同様の体験をお持ちの方は多いのではないでしょうか。

「受容と共感」だけの教育相談に拘泥するときではないことを自覚したいものです。

(5) 発達障害傾向のある児童生徒への接し方（留意点の例）

(1) 言葉の意味通りに受け止める「字義通り性」に注意する。
(2) 「A君の立場で考えて」と言っても「Aじゃないからわからない」という共感性が欠如していることに配慮する。
(3) 文脈の読み取りが苦手でたとえ話がわからないので直截的・具体的に問う。
(4) 同じ言葉を丸暗記して返す，「こだわり」を理解しておく。
(5) 難語・独特な表現には「○とはどういうことですか」と問い返す。
(6) 曖昧な指示が理解できないので，「できるだけやろう」ではなく，「○○までやろう」と具体的に指示する。
(7) 否定条件文（君が○○しなければ，B君は○○にならなかった），二重否定（君が悪かったとはいえなくもない），否定の命令文（友達を叩いてはいけない）を理解することが難しい。肯定的な言い方が重要。
(8) 単文で指示を与える。具体的，簡潔に，「要点」をはっきり話す。
(9) 視覚的に理解できるもの（箇条書きにしたもの等）を用意する。
(10) 事前に面接時間を明示し，それを守る。
(11) 最初に面接の主旨を伝え，ずばり「本題」から入る。
(12) 情緒的表現より，直接的・事務的に話す。
(13) 情報提供・提案・指示・依頼は，一つずつ伝える。
(14) 抽象的・遠回しな表現は厳禁。
(15) 「受容してくれた」と誤解されるような曖昧な返答・表情はしない。
(16) 迎合的態度は他人の感情を読み取れないPDDの子を混乱させる。
(17) 内省を求めることは無理。わかりやすい一貫性のある指示が重要。

⒅　むしろ事務的な態度で接することが望ましい。
⒆　例外や特別扱いをしない首尾一貫した姿勢が効果的。
⒇　ルール違反は予告した通りの措置をとることを言明しておく。

> 参考文献

1) 平岩幹男『自閉症スペクトラム障害』岩波書店，2012年
2) 佐藤幹夫『自閉症裁判』洋泉社，2005年
3) 藤川洋子『発達障害と少年非行』金剛出版，2008年
4) 嶋﨑政男『少年殺人事件　その原因と今後の対応』学事出版，2006年
5) 齊藤万比古（編著）『発達障害が引き起こす二次障害へのケアとサポート』学研教育出版，2009年
6) 藤川洋子『非行と広汎性発達障害』日本評論社，2010年
7) 浜井浩一・村井敏邦（編著）『発達障害と司法』現代人文社，2010年
8) 小栗正幸『発達障害の思春期と二次障害予防のシナリオ』ぎょうせい，2010年

2 非行問題への対応

(1) 逮捕・補導・保護の対象となる少年

　少年法では，家庭裁判所の審判に付する少年を，①犯罪少年（罪を犯した少年），②触法少年（14歳に満たないで刑罰法令に触れる行為をした少年），③ぐ犯少年（保護者の正当な監督に服しない，犯罪性のある人等と交際するなど，将来罪を犯し，又は刑罰法令に触れる行為をする虞（おそれ）のある少年）と定めています。
　①②③が「非行少年」と呼ばれ，これに飲酒・喫煙・深夜徘徊・家出・不純異性交遊等，自己又は他人の徳性を害する少年（不良行為少年）と，虐待・酷使又は放任されている少年及び児童福祉法による措置が必要と認められる少年（要保護少年）を加え「非行少年等」としています。

（2）非行問題のある児童生徒との面接

　非行問題のある児童生徒との面接も，「心理的事実の受容・共感と客観的事実の支援・指導」の原則は変わりません。「決して見捨てない，だからこそ見逃さない」という温かさと厳しさを兼ね備えた毅然とした姿勢が求められます。

　さらに，少年法（処遇の流れ＝次頁参照），児童福祉法（要保護児童対策地域協議会等），刑法等の基礎的知識を身に付け，リーガルマインドを基底に，関係機関とのコーディネーター役を果たせるようにしたいものです。

3 いじめ問題への対応

（1）リスクマネジメントでの教育相談の役割

　平成25（2013）年9月，「いじめ防止対策推進法」（以下「法」）が成立しました[1]。これを受け国の「いじめ防止基本方針」が策定され，各学校には自校の基本方針策定が義務づけられました。一方，地方公共団体ではいじめ防止に関わる条例が続々制定されています。

　法には，「学校は，（一部略）その学校の実情に応じ，当該学校におけるいじめ防止等のための対策に関する基本的な方針を定めるものとする」（第13条）とあります。その基盤となる考え方がリスクマネジメント（未然防止）のための開発的機能の充実です。

　具体的には，「児童等の豊かな情操と道徳心を培い，心の通う対人交流の能力の素地を養うことがいじめの防止に資することを踏まえ，全ての教育活動を通じた道徳教育及び体験活動の充実を図」る（第15条）よう定められています。このためには，道徳教育や特別活動はもちろん，

第5章 問題解決的教育相談の実際

図14 処遇の流れ

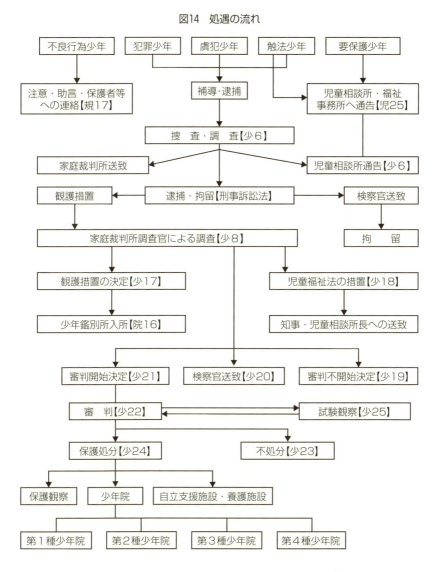

全教育活動を通した開発的教育相談機能の充実が求められます。

　法では，早期発見のための調査等に触れていますが，サインに気づく「教師の感性」の練磨がより効果的と思われます。児童生徒理解の深化と教職員間の情報共有の円滑化を進めることが大切です。相談体制の整備（第16条第2～第4項）は早期発見の「切り札」となり得ます。教育相談，とりわけ開発的教育相談の重要性が法律で明確にされたことは画期的なことです。教育相談関係者は法の意義を十分自覚し，教育相談体制の構築に努めたいものです。

（2）クライシスマネジメントでの教育相談の役割

　法第23条には，「事実確認→いじめの制止→いじめを受けた児童等又はその保護者への支援→いじめを行った児童等に対する指導又はその保護者に対する助言」という対応の流が示されています。法律の中でここまで詳細に記述するのは異例なことです。全教職員の共通理解を図り，校長を中心に組織的取組を進める必要があります。

　法に「被害者保護最優先」の考え方が一貫して流れている点も評価できます。いじめを行う児童等への「別室指導」（第23条第4項）や懲戒（第25条），出席停止制度の適切な運用（第26条）には，「いじめを許さない」確固たる姿勢が感じ取れます。

　なお，これまで明々白々の犯罪行為までもを「いじめ」の範疇に加え，加害者の責任を曖昧にしてしまう例が多々ありました。「社会で許されないことは学校でも許されない」ことを再度確認しておく必要を感じます。

（3）ナレッジマネジメントでの教育相談の役割

　一つの問題への対処を通して得た，認識・知識，対応方法，留意点等を当事者だけのものとせず，広く共有して，同様の問題の再発防止を目指すことをナレッジマネジメントと言います。法では，「調査研究及び

検証を行うとともに，それを普及する」(第20条)，「国及び地方公共団体は，(略)いじめに係る相談制度又は救済制度等について必要な広報その他の啓発活動を行うものとする」(第21条)等，再発防止策の強化が定められました。

これまで社会問題化した深刻ないじめ事案の多くは，ナレッジマネジメントの不徹底に原因があったと思われます。自死を決意するまでの陰湿ないじめを，「仲間同士のふざけあい・いじり」と見ていた点です。グループに強制的に迎え入れられ，「パシリ」等として「いじめ抜かれた」悲劇は，繰り返し起こっています。このようないじめは「強制加入いじめ」[2]等，多くの方から指摘がありました。事件発覚直後には，大きな話題となりますが，時を経て忘れられていくようです。

ナレッジマネジメントでは開発的教育相談と重複する機能が多々あります。学校教育相談体制の中にナレッジマネジメントを明確に位置付け，再発防止に努めなければなりません。

(4)「『脱』いじめ」を目指す学校教育相談

「『脱』いじめ」に向けた取組を充実させるためには，リスク・クライシス・ナレッジの危機管理3段階での学校の役割を明確にすることが重要です。図15に示したように[3]，どの取組も大切ですが，いじめを許さない心情等「個人のいじめ防止力」とそのような心情の共有や体制である「集団のいじめ防止力」の育成は特に重視する必要があります。

このためには，教育相談の開発的機能を活かすことが効果的です。相手を思いやる豊かな情操や道徳心の涵養には，個別の相談活動とともにグループワーク等の心の健康教育が役立ちます。集団意識や集団効力感を高めるには，集団の成長を促す教育相談の考え方・技法が効果を発揮します。

学校教育相談への大きな期待は開発的教育相談の充実にあります。これまで繰り返されてきた「いじめを主因とする自死」の連鎖を断ち切

図15　いじめ問題への対応マトリクス

	学校（教職員）の責務	幼児・児童・生徒等への指導	保護者・地域・関係機関等との連携
リスクM：開発的予防的危機管理	1．いじめの認識・意識の高揚 ①議論の混乱 ②「いじめ」の定義 ③「いじめ」の歴史 ④「いじめ」の実態 ⑤「いじめ」の種類 ⑥「いじめ」の影響 2．いじめ防止の指導法の修得 ①いじめ防止の全校体制の確立 ②個人の「いじめ防止力」の育成 ③集団の「いじめ防止力」の育成 ④校内研修の充実 3．早期発見の力量向上 ①いじめに気づく心構え・手法 ②観察力の向上・調査の活用 ③調査の効果的な実施法の修得 ④発達障害等への理解	4．個人の「いじめ防止力」育成 ①規範意識・自尊感情の向上 ②人権意識・生命尊重の定着 ③情報リテラシー・モラルの育成 ④「自分を守る力」の養成 5．人間関係の構築・集団育成 ①豊かな人間関係づくり ②「居場所」をつくる教育活動 ③いじめ防止プログラム 6．教師との信頼関係 ①教師の基本姿勢 ②学校教育相談の充実	7．いじめ防止の啓発 ①学校だより・ホームページの活用 ②地域団体等との連携・協働 8．いじめ防止の諸活動 ①人権擁護局の事業 ②人権団体等の事業 ③いじめ防止条例の制定 9．早期の情報提供・交換 ①教育委員会等との連携 ②校内外関係機関等との連絡体制の構築 ③学校間の連携
クライシスM：問題解決的危機管理	1．全校指導体制の構築 ①全校体制の構築 ②事例研究会による役割分担 2．被害者の保護・支援体制の強化 ①自殺の防止 ②具体的支援策の策定と実施 ③二次的問題の防止 3．いじめ指導の早期実施 ①指導手順・方法の確認 ②調査・聴き取りの留意点の確認 ③集団把握方法の理解 ④ネットいじめへの留意点の確認 4．関係機関等との連携 ①エコマップの作成 ②自殺の場合の調査実施	5．被害者の保護・支援 ①カウンセリングの継続 ②目に見える具体策の実行 ③自殺が起こった場合の対応 6．加害者の指導 ①責任を自覚させる指導 ②集団内の人間関係を理解 ③懲戒・責任遂行 7．集団指導 ①全校決議（撲滅宣言等） ②学級（ホームルーム）での指導	8．被害者保護者への対応 ①保護者対応の基本 ②対応上の課題（被害届提出等の相談） 9．加害者保護者への対応 ①加害者の保護者への対応 ②加害者の保護者との協議（謝罪・弁済等） 10．保護者対応 ①臨時保護者会の開催 11．教育委員会との連携 ①出席停止の判断・進め方 ②区域外就学・指定校変更の協議 ③事故報告書等の事務手続き 12．関係機関との連携・協働 ①警察等への通報・告発の判断 ②関係機関のコーディネート ③マスコミ対応の基本
ナレッジM：再発防止的危機管理	1．振り返り・取組の総括 ①教師の加担・助長の有無の確認 ②学校が問われる法的責任 ③マニュアル見直し ④指導体制の再確認 2．いじめ防止教育の位置付け ①道徳教育への位置付け ②いじめ関連図書の整備 ③教職員研修計画の立案 3．事後処理 ①訴訟への対応 ②保護者の質問への責任ある回答 ③事故報告書のまとめと共有	4．被害者への継続支援 ①全教職員での見守り・心のケア ②二次的問題への対応（不登校,転校,退学,うつ等） 5．加害者への継続支援 ①加害児童生徒の立ち直り支援 ②補導・逮捕された子への対応 6．全校一丸の取組の決定・実施 ①防止委員会・ピアサポート等 7．全校児童生徒対象の再発防止策 ①法教育・命の教育等の推進 ②特別活動のさらなる充実	8．保護者・PTA等との連携 ①再発防止策の策定・実施 ②問題の経過説明 9．教育委員会等との連携 ①文科省通知，手引書，リーフレットの周知 ②教育委員会との連携強化 10．二次的問題の解決 ①若者の自立支援 ②警察・学校相互連絡制度の機能化

には,「すべての子を対象に,すべての子を支援する」学校教育相談のさらなる充実が求められています。

これまで数百冊に及ぶいじめ関連の書籍が出版され,多様な実践例が示されていますが,その多くが学校教育相談の理論・実践を基盤としています。いじめ対策の総集編的な意味合いをもつ,各学校で策定する「基本方針」には,学校教育相談の意義と役割を明確に位置付けてほしいものです。

> 参考文献
> 1）坂田仰（編）『いじめ防止対策推進法 全条文と解説』学事出版,2013年
> 2）今井五郎・嶋﨑政男・渡部邦雄（編）『いじめの解明』第一法規,1997年
> 3）嶋﨑政男『「脱いじめ」への処方箋』ぎょうせい,2013年

4 不登校児童生徒への支援

(1) 不登校者数「高原期」へ

文部省（当時）が長期欠席児童生徒のうち,病欠等を除く年間50日以上の欠席を「学校ぎらい」として調査を始めた昭和41年度,出現率（千人比）は小学校0.5,中学校2.2でした。千人比が小学校1.0,中学校10.0を超えたのが平成3年（小1.4,中10.4）で,平成10年には,小学校は3.0,中学校は20.0を突破しました。

特に,中学校の年次別グラフ（**図16**）を見ると一目瞭然ですが,おおまかな捉え方をすれば,平成2年までの「微増期」,平成9年までの「増加期」を経て,今まさに高止まり状態の「高原期」を迎えているといえるでしょう。

「増加期」には,「不登校は誰にでもおこりうる」（平成4年,「学校不適応対策調査研究協力者会議報告」),「不登校は心の成長の助走期」（平

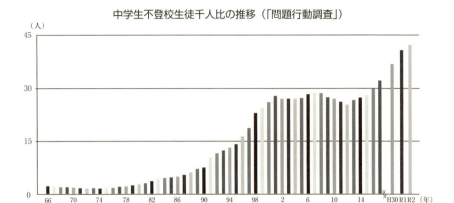

中学生不登校生徒千人比の推移（「問題行動調査」）

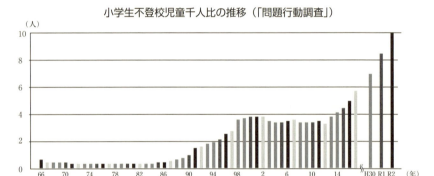

小学生不登校児童千人比の推移（「問題行動調査」）

（注）欠席日数 30 日と 50 日の双方のデータがある期間を参考に，50 日のデータを取っていた平成 2 年度までを 30 日に換算した。

成10年，「中教審答申」），「不登校は進路の問題」（平成15年，「不登校問題に関する調査研究協力者会議報告」）等の提言を受け，適応指導教室の開設，スクールカウンセラーの導入，民間施設通所の指導要録上の出席扱い，高校入試・中卒認定試験制度の改善等の施策が次々に実行に移されました。

　しかし，文部科学省をはじめとする行政等の懸命な努力や各学校の真摯な取組にもかかわらず，不登校問題改善への道筋は不透明な状況です。皮肉な言い方をすれば，「手を尽くせば尽くすほど，不登校は増加した」ことになります。

（２）不登校の定義と調査での課題

　不登校は，「何らかの心理的，情緒的，身体的，あるいは社会的要因・背景により，児童生徒が登校しないあるいはしたくともできない状況にあること（ただし，病気や経済的な理由によるものを除く）」と定義されています。

　毎年実施されている「学校基本調査」でその実態が明らかにされていますが，長期欠席の理由を，「病気」「経済的」「不登校」「その他」に分ける段階で，「不登校」への分類が正確にされているかどうか，疑念が生じることがあります。「学校基本調査の手引」には，「理由別欠席者数」の統計に当たって，細かな注意点が示されていますが，誤解あるいは「都合の良い解釈」がされることがあります。

　第一に，指導要録上「出席扱い」とした日数は「欠席日数として含める」ことの見落としです。第二に「不登校は心の病」との一方的な決め付けです。第三に，「その他」にある「保護者の教育に関する考え方」の拡大解釈です。

　最近，保護者が精神的に不安定であったり，子どもへのネグレクト的対応が増加していますが，これも「その他」ですし，欠席理由が２つ以上で，主たる理由が特定できない場合も「その他」に入れますから，不登校としての取組から漏れてしまいます。

　かねてより，不登校は教育活動に直接影響しないから真摯に取り組む意志に欠けているのではないかとの指摘があります。このようなことは断じてあってはならないことです。問題解決的教育相談の対象として，登校を促す計画的・組織的な取組を進めなければなりません。

（３）不登校の原因の捉え方

　問題行動や自殺等が発生すると，その原因をめぐって，かまびすしい議論が沸きあがり，学校バッシングの長い歴史の中，学校が最大の「戦

犯」として責めを問われてきました。しかし，原因を一つだけに焦点化するには無理があります。性格傾向等の個性が原水としてあり，そこに新たな水（誘因）が注ぎ込まれることによって，コップから水が溢れ出たときに問題が発生すると考えると，原因究明も解決策の検討も多角的に行うことができます。

　不登校問題も同様です。図17に示したように，不登校は原水となる本人の個人特性に加え，本人と学校・家庭との間に作用している「4つの力」に注目する必要があります。

　1は「家庭（保護者）が子どもを家庭から押し出す力です。「学校は行くのが当たり前」。そんな不文律が崩れ始めた頃，「嫌なら無理して行く必要はないんだよ」とのメッセージがさかんに喧伝されました。「増加期」の始まりによく見られました。

　2は「授業が楽しみ」「部活がやりがい」等の「学校が子どもを引き付ける力」です。各学校では「安心安全の学校」「誰もが居場所の持てる学校」等をキャッチフレーズに取り組んでいます。

　3は「学校が子どもを拒否・排斥してしまう力」です。いじめられる，予期不安（失敗や嘲笑を恐れる）をもつ，教師・友人との関係が悪化している等，登校をためらわせてしまう状況があることです。「いじめ防止対策推進法」が成立しました。いじめられた結果，不登校に陥った事例への対応について，各学校の「基本方針」に具体的に記述することが求められます。

　4は「家庭が子どもを引き寄せる力」です。家庭であれば自由自在に過ごすことができます。「家にいた方が楽」という短絡的な考え方にとらわれた時，この力は大きく作用します。また，親との共依存関係から母子密着が強まっていたり，愛着障害からの取り戻し行動として，この力が強まることがあります。

図17 不登校の4視点

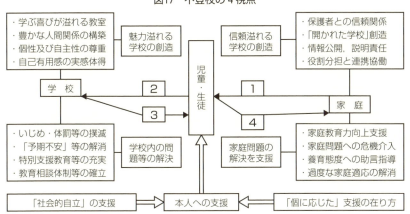

(4) 社会情勢の変化と新たな不登校問題

　経済状況の悪化が長期化し，新聞紙上には，「ワーキングプア」「格差社会」「生活保護受給最高更新」等の記事が連日のように載っています。
　この影響は，学校納入金の未納問題や授業料滞納による退学などの直接的影響だけでなく，保護者の無理な就労により家族の団欒が奪われたり，十分な愛情・監護が受けられない児童生徒が増加するなど，間接的影響の深刻さも見逃せません。不登校問題にも大きな影を落としています。

❶ 家庭の経済状況と保護者の就労

　生活保護や準要保護の制度があるため，経済的貧困を直接の原因とする長期欠席は極めて少数ですが，校外学習費用の未納等に端を発する不登校は少なくありません。
　保護者の不規則な就労により，「朝食抜き」などの食生活の乱れや基本的な生活習慣への影響も看過できません。不登校のきっかけとなることが多々あるからです。
　経済問題への危機介入は，保護者の心情を最優先することと，間接的

介入に徹することが大切です。「お子さんの様子が気になったものですから」などと，さりげなく声をかけ，市町村の相談機関（福祉事務所・家庭支援センター等）や，民生児童委員等の紹介につなげていくことが大切です。

❷ 保護者の心理的不安と子どもへの影響

家族の団欒の減少や保護者からの愛情不足は，愛着障害を思わせる言動等，子どもの言動に端的に表れます。また，保護者自身が精神的に追い詰められ，心理的不安を抱えることにより，子どもが不登校になる事例も目立ちます。

当該保護者にとってのリソースを見極め，その人の協力を得ながら，福祉事務所や保健所等との連携を深めることが重要です。

❸ 児童虐待が底流にある不登校

複雑な社会変動の中，児童虐待問題は発生数，被害状況共に憂慮すべき事態となっています。

不登校問題との関連では，登校支援も就学援助もしないネグレクトが最大の問題となっています。給食時の異常な食欲，服装の乱れ，登校時間の遅れ等，徴候は容易に発見することができます。

「児童虐待の防止等に関する法律」にある通告義務（同法第6条）は，虐待を受けたと「思われる」児童生徒を発見した時となっています。福祉事務所または児童相談所への速やかな通告が大切です。さらに，児童生徒の1日も早い登校の実現に向けて要保護児童対策地域協議会との密接な連携を図る必要があります。

❹ 発達（愛着）障害と不登校問題

発達障害と愛着障害が似た症状を呈することはよく知られています。このような障害が直接問題行動と結び付くことはありません。誤解や偏見は許されません。しかし一方で，障害への正しい認識・知識があったならば，二次障害としての問題を阻止できたであろう事例も多々見受けます。

周囲の無理解や不適切な対応は，障害のある子どもにとって，図17の ③の力に圧倒されることになります。「変わった人」と評価され「居場所」を奪われてしまうのです。
　発達障害者支援センターや，福祉事務所を念頭においた対応が求められます。

❺ 福祉的視点からの不登校対策

　不登校問題に関する報告書や通知では，「学校のみで解決することに固執すべきではない」（平成10年「中央教育審議会答申」）という指摘がありながら，家庭問題を取り上げることをタブー視する傾向がありました。「教育の責任放棄」との批判を恐れていたのでしょうか。「きょうだい４人が不登校」等の実態があっても，「家庭の問題」を疑うこと自体が禁忌でした。
　これまで，「不登校は個人の問題」と捉え，個別カウンセリングを中心とする心理的支援が行われてきましたが，社会の動きを見据えた福祉的支援の必要性が高まってきました。
　『SSW実践活動事例集』（平成20年，文部科学省）の中に，「問題行動等の背景には，児童生徒がおかれた様々な環境の問題が複雑に絡み合っている。そのため，教育分野に関する知識に加えて，社会福祉等の専門的な知識や技術を有するSSWを活用し，課題解決への対応を図っていく」とあります。広い視野からの対策が望まれます。

5 性非行・性問題への対応

（1）性に関わる問題への基本認識

　性非行は，刑法に定められた強制性交，わいせつ等の他，売春や淫行等の特別法違反も含みます。さらには，妊娠・性感染症の罹患，性癖，

性被害等の性に関わる問題の背景に性非行が関係している事例が多数あります。

　性に関わる問題を起こす児童生徒の多くに，「親への愛情飢餓」状態が見受けられます。愛着が十分に身に付いていないのです。ですから，問題の解決に当たっては，叱責・責任追及の前に他者への信頼感の回復を目指した取組を優先させる必要があります。犯罪行為への対応という視点をもたなければなりませんが，当該児童生徒の心身の安定を図り，性の尊厳の自覚や性の自己決定力の育成を見据えた，継続的な教育相談が求められます。

（2）性に関わる問題の基本的理解

　性に関わる問題は性非行と性問題に大別されます。性非行は刑法違反の罪に問われる強制性交（第177条）・強制わいせつ（第176条）・公然わいせつ（第174条），性的動機による下着盗等の窃盗罪，露出・のぞき等の軽犯罪法違反の他，売春（売春防止法）・淫行（児童福祉法第34条）・みだらな性交等（児童買春，ポルノ禁止法・青少年健全育成条例）の特別法違反，不純な性交・不純異性交遊（不良行為）などが含まれます。

　性問題は，妊娠や性同一性障害等の性に関わる悩み，ペドフィリア（小児性愛）やフェティシズム（対象者の身体の一部や持ち物等への愛着行動）等の異常性癖，性感染症への感染，性的虐待等の性被害があります。

（3）性非行・性問題への対応

　性に関わる問題は，女子児童生徒が被害者になる事例が多数を占めます。児童買春，ポルノに係わる行為等の処罰及び児童の保護等に関する法律，青少年の健全育成に関する条例等，法整備が進められていますが，問題は減少していません。

　性非行の被害や性問題に関する悩みを把握した場合は，「危機介入は即時対応」の原則に則り，校内チームを結成し，保護者や関係機関と共

に法的措置を視野に入れて取り組む必要があります。その際，本人の意思を確認し，個人情報保護に十分配慮する必要があります。

　直接教育相談を担当するのは，同性の教育相談担当者や養護教諭が適任です。自分自身への罪障感や自己卑下感，投げやりな気持ち等，複雑な気持ちを丁寧に聴き取り，「必ず支える」というメッセージを伝えることが大切です。

　当該児童生徒の抱える問題は，学校教育相談の範疇を超えることがあります。精神的に不安定で，自傷行為が懸念される場合等には，本人の意思確認を求め，保護者や関係機関との早急な連携が必要になります。

　なお，本人が保護者に知られたくないと主張することがあります。この背景には，保護者の監護能力が欠けていたり，逆に，極端に「性の問題」に潔癖すぎる例が少なくありません。本人の自己決定をねばり強く待つことが大事ですが，緊急を要する場合には，本人への支援が期待できる人物（リソース）に援助を求める手もあります。

　このような教育相談の目的は，最終的には，①承認欲求の充足や自己有用感の獲得，②性の尊厳や自らを大切にする心情の育成，③性の自己決定力の向上，を目指す，いわゆるナレッジマネジメントの位置付けが求められます。

6　喫煙・飲酒・薬物乱用への対応

(1) 喫煙・飲酒・薬物防止指導の意義

　喫煙・飲酒は，薬物乱用への入口となりやすいため「入門薬物（ゲートウェイドラッグ）」とも呼ばれています。また，「非行文化」への接近という観点からも，未成年者の喫煙・飲酒は防がなくてはなりません。

　「リスク行動症候群」とは，飲酒や薬物乱用などの健康上好ましくな

い行動（リスク行動）が，同一人物において相互の関連性をもった行動の集合体として存在することが多いことを表す言葉です。「タバコくらい」という感覚は，すぐにシンナー，覚せい剤の使用につながると捉える必要があります。

また，喫煙と肺ガン，飲酒と生活習慣病との関連等，健康上のデメリットも明らかになっています。さらに，薬物等を入手するために，窃盗・恐喝，性非行等の事件を起こすなど，未成年者の喫煙・飲酒・薬物乱用の悪影響は明白です。

このため，小・中・高等学校共に学習指導要領では，「健康を損なうこと」（小学校），「心身に様々な影響を与え，健康を損なうこと」（中学校），「意志決定や行動選択」（高等学校）の指導を求めています。

（2）リスク行動をとる児童生徒の理解

「万引きは愛情の請求書」と言われますが，喫煙・飲酒・薬物乱用を行う児童生徒の多くに愛着の問題があるといわれます。このような視点をもって，児童生徒の指導・支援に当たる必要があります。反省を求める前に，そのような行為をするに至った心情を十分に吐露する機会を与えることが大切です。

「何のためにそのような行動をとっているのか」というアドラー心理学の考え方を念頭に置いた支援が求められます。

一方で，環境に影響を受けやすい児童生徒の「安易な行動」との見方が必要なこともあります。

薬物を例にとると，誰もが容易に薬物に接近する社会環境の変化があります。国際化の進展に伴う薬物入手機会の増大，インターネットの利用等による入手法の簡便化，「合法薬物」の流通による罪の意識の希薄化等，防止の観点から理解を深めることが大切です。

(3) 喫煙・飲酒・薬物乱用の指導

　全児童生徒を対象とする指導（リスクマネジメント）を重視することが重要です。警察，保健所，医師会，NPO法人等の支援を受け，「薬物乱用防止教室」を開催するなどして，犯罪性・有害性について計画的に指導する必要があります。

　また，保健体育，学級活動，健康安全・体育的行事等で，この問題を計画的・系統的に扱うことも大切です。その際，心身への健康被害や二次的問題の恐ろしさを強調することは大切ですが，誘いを受けた時の対処技術（断り方）についても，ロールプレイング等を通して体験的に学ばせる必要があります。

　個別の問題を抱えた児童生徒に対しては，家庭との連携を緊密にとり，「命を守ること」を最優先した取組を行うことが求められます。スクールカウンセラー等との個別面接を重視するとともに，警察等の助力を仰ぐなど，「本人のため」の毅然とした対応をとることが何よりも大切です。

7　被災・被害等で心のケアが必要な子への支援

　災害や犯罪の被害者になったり，肉親との死別により喪失体験をもつ児童生徒には，「心的外傷後ストレス障害」（PTSD = Post Traumatic Stress Disorder）が心配されます。

　PTSDはトラウマを受けた者の中で，①再体験症状（フラッシュバック＝苦痛な記憶が繰り返し蘇る），②回避症状（外傷を想起させる場面・行動等を避ける），③睡眠障害や退行現象（赤ちゃん返り）等の症状が1か月以上にわたって継続し，生活に明らかな支障が認められる場合に診断されます。

これを防ぐためには、早急な「心のケア」が必要となります。「危機は『最前線』の人々によって即座に対処すれば小さくおさまる」「教師は危機に直面する最前線にいる」[1]と言われるので、学校教育相談の重要な役割の一つです。

　「遠くの専門家より近くの教師」の果たす役割は大きいと言われます。阪神・淡路大震災でも、従来、心のケアの専門家とされてきたカウンセラーたちよりも、教育現場の教員たちが果たした役割が大きかった」[2]と言われています。

　励ましが新たなストレスを生んだり、慰めが恐怖を想起させることもあり、何もしない方が効果的なケースもあります。教職員は一人一人の児童生徒への目配り・気配りを忘れず、「一人じゃないよ。先生も味方だよ」というメッセージを送り続け、その中で気にかかることがあった場合には専門の指導を受け、状況によっては委ねる必要があります。

　子ども自らが震災の話をし始めたら親身になって、「そうだったの」「そうだね」などと耳を傾けます。教育相談では子どもの言葉を「繰り返す」ことが強調されますが、「苦しかったのね」「悲しかったね」などを繰り返すと、さらに苦しく、さらに悲しくさせてしまうことがあります。

　震災に関わることは、児童生徒が自ら話す場合に、手を握る、肩を抱くなどして静かに聴き、しゃべりたくない気持ちもそのまま受け止める必要があります。

　「心のケア」を行うに当たっては、その配慮事項等について、校内で共通理解を図っておくことが大切です。参考文献3では、「相手の痛みを丸ごと受け止めて、否定しない」「無理やり話をさせようとしてはいけません」と釘を刺します。「安易に、『君の気持ちは全部わかった』とか、『その気持ちは手にとるようにわかる』などと言ってはいけません」等の具体的記述が豊富に紹介されています。

　なお、お葬式ごっこや地震ごっこのような「悲嘆の仕事」（グリーフ・

ワーク）への対処法は様々な意見がありますが、「立ち直りのために必要な行動」として、無理に禁止させないことが大切です。

また、発達段階を考慮し、絵本の読み聞かせや共同作業等も取り入れたいものです。

さらに、管理職や教育相談担当者には、「ディブリーフィング」（危機的状況やその時の気持ちを表明しあい、様々な感情を分かち合う共感の場）についても、校内の雰囲気を的確に受け止め、その必要性・可能性を判断しなければなりません。

昼夜を分かたず懸命な救援・支援活動に携わってきた教職員は、それまでの疲労やストレスが一気に自らの心身に襲いかかることがあります。これを防ぐためには、仲間との「ディブリーフィング」が不可欠です。ただし、「心のケア」同様、その功罪には十分留意してください。

参考文献
1) G・D・ピッチャー／S・ポランド『学校の危機介入』金剛出版、2000年
2) 立木茂雄「災害を受けた子どもの支援・家族の支援」『教育と医学』2005年7月号、慶応義塾大学出版会
3) 保坂隆（編著）『災害ストレス―直接被災と報道被害』角川書店、2011年

8 教師に反抗的な児童生徒への対応

原因を問うより責任を取らせる（「どうして？」から「どうすれば？」へ）アドラー心理学や、「問題志向」（原因の探索と除去）から「解決志向」（解決状態を設定し、その状態の日常化を目指す）への転換を図るブリーフセラピーの考え方を参考にすると、「なぜ反抗するのか」を検討するより、「何のために反抗するのか」に焦点を当てた方が実際的です。

この視点から、教師への「反抗の要因」を整理すると、①教師への敵

愾心・憎悪感の表明，②愛情飢餓の充足，③利益の獲得などが考えられますが，これ以外にも，④自我の確立という発達課題としての「反抗期」，⑤個人のもつ特性（反抗挑戦性障害等），さらには⑥反抗のない子についても留意する必要があります。

（1）教師への敵愾心（てきがいしん）・憎悪感からの反抗

　このケースは，反抗の理由が明確です。要は教師に「ムカつく」のです。身に覚えのないことで叱責された，差別的待遇を受けた，納得いかない行動を強制された等，様々な場面で起こりえます。反抗の目的は「冤罪の証明」であったり，「強制・強要の取り消し」であったりするのです。

　時には教師の謝罪が必要なこともあります。反抗の要因を見極め，その気持ち（心理的事実）をしっかり受け止め，非は非として詫びる姿勢が求められます。

（2）愛情飢餓を充足するための反抗

　家庭で十分な愛情を注がれていない児童生徒の中には，教師にその充足を求める者がいます。甘えてくるなど直截的であればわかりやすいのですが，反動形成（自分の気持ちと相反する態度・言動をとる）や注意引き行動（「私に目を向けて」という気持ちを反抗的態度により表す）等は，防衛機制（抑圧された本当の気持ちが形を変えて表面化する）の知識が必要になります。

　「あの態度には悲しい思いをしたよ」「君があんなことしたなんて信じられないよ。辛い気持ちになったよ」などと，正直な気持ちを伝え，日常的にもストローク（ほめる，励ます等のはたらきかけ）を意図的に多く与えることが重要です。

（3）利益を獲得するための反抗

　学級全体に担任への不満が高まっているときなど，公然と担任に反抗する者が「ヒーロー」視されることがあります。自己有用感をもつ機会が少ない児童生徒ほど，こうした機会を逃すまいと，反旗の旗手を買って出ることがあります。教師への反抗はポイント稼ぎの絶好のチャンスとなるわけです。

　保護者の教師観が悪化している時も，教師への反抗は児童生徒の「家庭での地位」を高めるという効果があります。日頃，保護者からの愛情不足を感じている児童生徒にとって，「利益」となります。

（4）「反抗期」での反抗

　自我の目覚めは保護者や教職員への批判・反発に始まります。支援や指導を支配・干渉と受け取り，「第二次反抗期」という思春期特有の反抗が生じるのです。発達過程を考えると，むしろ正常な言動ですが，反抗を鵜呑みにするような迎合的態度は子どもの成長を阻むことになります。

（5）他の視点から考える反抗

　個人の特性からくる「反抗」には，発達に偏りのある子による挑発行為等があります。人間関係の不全等の二次的障害と関連しているケースが大部分を占めます。特性に応じた支援が求められます。

　反抗がない子への配慮も求められます。家庭内暴力に悩む母親から，「これまで反抗など一度もしたことがなかった」との声を聞くことがありますが，過干渉・過支配型の養育は，「良い子」のまま育つことにつながりません。何らかのきっかけで，大きなエネルギーが蓄積された反抗を生み出すことにも留意しなければなりません。

9 困難を有する子ども・若者への支援

(1)「困難を有する子ども・若者」への支援策

　ニート，ひきこもり，不登校，発達障害，被虐待児等，「困難を有する子ども・若者」を支援するため，平成21（2009）年，「子ども・若者育成支援法」が成立しました。平成23（2011）年から，内閣府が設置した「子ども・若者育成支援推進点検・評価会議」に構成員として参加していますが，各省庁共，法の精神に則った様々な施策に熱心に取り組んでいます。

　多くの地方公共団体は子ども・若者支援地域協議会を設立し，就労支援を行ったり，ひきこもり地域支援センターでの相談活動を強化したりしています。また，法の成立の誘因ともなった「縦割り」の弊害を抑えるための関係機関のネットワーク化も進んでいます。さらに，会議に出席して感銘を受けたのは，各地でこれらの問題に取り組むNPO法人団体の真摯な実践です。

(2) ニートとひきこもり

　ニートとは，「Not in Education, Employment or Training」の頭文字（NEET）をとったもので，「15～34歳の非労働者人口から学生と専業主婦を除いた者」（厚生労働省の調査における定義）を意味します。

　ひきこもりは，「様々な要因の結果として社会的参加（義務教育を含む就学，非常勤職を含む就労，家庭外での交遊など）を回避し，原則的には6か月以上にわたって概ね家庭にとどまり続けている状態を指す現象概念」（「ひきこもり」の評価・支援に関するガイドライン）とされます。

　ニートは平成14（2002）年に大きく増加し，以来60万人台の横ばい状

態が続いています。ひきこもりは，平成22（2010）年の統計では家から出ない狭義のひきこもりが23.6万人，用事のある時だけ外出する準ひきこもりが46万人となっています。

ニート・ひきこもり以外でも，若者の就労をめぐっては，フリーター（非正規雇用で生計を立てている者）やワーキングプア（懸命に働いても生活保護受給水準にも満たない収入しか得られない者）の問題があります。

（3）困難を有する子ども・若者への支援

学校教育相談における困難を有する子ども・若者支援のポイントは，①アウトリーチ（訪問支援）と②関係機関との連携にあります。

①については，教育相談の見直しを図る会議でも議論されました[1]。スクールカウンセラーに，「待機型」（相談室で来談者を待つ）から「接近型」（児童生徒の中に自ら入る）への転換を求める議論でした。地方公共団体やNPO法人が設置する相談機関等での成果を前に，家庭に出向く相談体制の強化が望まれます。

②については，教員の知識不足が懸念されます。職業的自立や就労を支援する地域若者サポートステーションやジョブカフェ等の事業内容やその成果について，教育相談担当者はより詳細に知っておく必要があります。その上で，相談者への適切な情報提供や，関係機関との緊密な連携を図るための要となることが期待されます。

参考文献
1）教育相談等に関する調査研究協力者会議「児童生徒の教育相談の充実について（報告）」文部科学省，2007年

10 保護者クレーム問題への対応

(1) クレーム問題の現状と課題

　深夜に及ぶ無理難題のクレームに，教師が心身共に疲弊し休職・退職に追い込まれるケースもあり，クレーム問題は社会問題化しています。「自子主義」（1998年，中央教育審議会答申）と言われる風潮や，一部の親の心の問題を疑わせる行き過ぎた言動があることは事実です。
　しかし，クレームは保護者の「願い」の表れであり，あって当たり前です。真摯に受け止め，誠意をもって対応することが大切です。保護者と教師の願いは「子どもの最善の利益」の追求です。対立する立場ではありません。共に手を携えて様々な連携・協働に努める必要があります。

(2) 保護者との対話での留意点

❶「聴く」と「訊く」

　まずは「言い分」にしっかり耳を傾けることです。必ずわかりあえます。保護者は決して「モンスター」ではありません。教師から積極的に「訊く」ことも大切です。ブリーフセラピーやコーチングの「質問の仕方」が役立ちます。

❷ 保護者へのリスペクト

　保護者との対話は直接顔を合わせて行います。来校を求める場合は保護者の都合を尋ねることが大切です。「○時に来てください」という言い方は，どんなに丁寧に話しても一方的な「命令」です。
　玄関で誰か一人が出迎える，一杯のお茶を差し出し来校の労をねぎらう，管理職が一枚の名刺を手渡しながら来校の労をねぎらう。どれも，保護者を「お客様」として迎える時の一般常識です。しっかりとリスペ

クト（尊敬）の気持ちを伝えることが大切です。

❸「プラス面」が先
　来校してもらったことへの礼を述べたら，その理由を話しますが，悪い点を速射砲のように並べ立てたのでは，保護者は「いい子とは思いませんとつい涙」の心境に陥ってしまいます。マイナス面の指摘の前にプラス面を伝えることが効果的です。

❹ 心理的事実の受容
　気持ち（心理的事実）の受容と客観的事実の指導・支援は，児童生徒も保護者も全く変わりません。「お母さん（お父さん）も辛かったですね」などと，心理的事実は受容する一方で，児童生徒の誤った行動（客観的事実）については，毅然とした姿勢で臨みます。

❺ 座席への配慮
　長机を挟んで，片方には5〜6人の教師が陣取り，向かい側に保護者を一人ポツンと座らせる。これは絶対にやってはいけないことです。反対の立場になったらと考えてみてください。「まるで被告席のようでした」との，保護者の述懐が理解できるでしょう。

❻ 組織的対応
　保護者の苦情が理不尽であったり，要求が実現不可能な時は，一人で対応「させない」，「しない」，「すまさない」ことが大切です。何もかも一人でできる人などいません。厳しいと感じたら弱音を吐いていいのです。管理職や主任への「報・連・相」が大切です。

❼ 面接の三原則の厳守
　真夜中の抗議の電話，長時間に及ぶ厳しい非難。こんな日が続くと，やがて心の痛手は癒すことができない状況にまで追い込まれます。そうならぬよう，人（約束した人とだけ会う）・場（学校で対面する）・時（常識的な時間に1時間程度話す）という「面接の三原則（人・場・時）」は厳守しなければなりません。

新訂版
教育相談 基礎の基礎
第6章

これからの学校教育相談

1 開発的・包括的支援体制構築へ

(1) "心理主義"への批判

　学校教育相談の充実のために，これまで多くの方々が真摯な取組を続けてこられました。この結果，学習指導や学級（ホームルーム）経営等に教育相談の「心」と「技」を活かす教師が増え，学校教育相談の裾野は着実に広まっていきました。

　一方で，「○○療法」に傾倒し（もちろん，専門的知識・技能を高めることは大切ですが），授業や学級（ホームルーム）経営などには無頓着との批判の声が上がることがありました。加えて，すべてを「心の問題」と捉える，心理主義への偏りは多くの非難を浴びることになりました[1),2),3),4)]。

(2) 法律に定められた開発的取組の意義

　平成25（2013）年9月，「いじめ防止対策推進法」が施行されました。第15条には，いじめ防止のために「豊かな情操と道徳心を培い，心の通う対人交流の素地を養う」ことが規定されています。法律上，開発的機

能の重要性が明確に位置付けられたのです。

　児童生徒の健全な発達を支援することは学校教育相談の重要な使命です。「規範意識を培う」「対人関係を築く」「自尊感情を高める」等の開発的取組は個別に行うものではありません。相互が関連し合って深化・統合されていくものです。

　同法には，「全ての教育活動を通じた道徳教育及び体験活動等の充実」を図ることが義務付けられています。体験活動等の中には，グループエンカウンター，ピア・サポート，ソーシャルスキル教育等が含まれていると解することができます。

　教育相談担当者は，このような「心の教育」を率先して進めるとともに，全教育活動の中に適切に位置付けていかなければなりません。

（3）包括的教育相談の推進

　教育基本法前文には，「個人の尊厳を重んじ，真理と正義を希求し，公共の精神を学び，豊かな人間性と創造性を備えた人間」と，育てたい児童生徒像が示されています。さらに，法律，通知，答申等を通して児童生徒に身に付けさせたい資質・能力が列挙されています。

　このため，○○教育，○○指導，○○力の向上の数は計りしれません。当然，一つの教育活動に複数の目標を設けて実施していくことになります。例えば，複数での職場体験により，進路意識を高める，協働体験を通して人間関係調整力を育てる，達成感を味わうことで自己有用感を感得するなどがあります。

　学校教育相談では，児童生徒に育みたい能力等を「学業面」「進路面」「社会面」「健康面」の4つの側面から捉えます。具体的には，学ぶ力・学んだ力・活かす力（学習面），進路意識・進路選択力・進路適応力（進路面），自己指導力・集団適応力・集団向上力（社会面），健康維持力・体力向上力・安全保持力（健康面）という12の力が想定されます。学校教育相談にはこのような力を包括的・計画的に育てること求められてい

るのです。

> **参考文献**
> 1） 小沢牧子『「心の専門家」はいらない』洋泉社，2002年
> 2） 吉田武男・中井孝章『カウンセラーは学校を救えるか』昭和堂，2003年
> 3） 斎藤環『心理学化する社会』PHP研究所，2003年
> 4） 吉田武男・藤田晃之（編著）『教師をダメにするカウンセリング依存症』明治図書出版，2007年
> ・ 嶋﨑政男『生徒指導の新しい視座』ぎょうせい，2007年

2 ガイダンスカウンセラーへの期待

（1）学校への教育相談担当者の配置

　半世紀も前に書かれた『生徒指導の手びき』[1]には，「教育相談を専門に担当する者（いわゆる学校カウンセラーのこと。本書では相談教師と呼ぶ。いわゆる生徒指導主事が，相談教師の役割を受け持つようになることが多いと考えられる。）として分化していくことが望ましい」との記述があります。

　その後も，教育相談を専門に担当する者を配置することの重要性は繰り返し提唱されてきました。その願いは，平成7年度にスクールカウンセラー活用事業の開始によってようやく叶えられましたが，「誰を配置するのが最適か」との問題は，今日まで議論の的となっています。

　臨床心理に専門的知見をもつ人の専門的な「治療的教育相談」の重要性は否定されるものではありませんが，現在のような非常勤の身分で週に1回のみ「派遣」というやり方には疑問が残ります。地方自治体の職員として正式採用し，相談業務の一本化を図る中で，必要に応じて学校の要請に応える体制の方が効率的です。

　学校における開発的教育相談の充実が急務である以上，教育事情や生

徒指導・特別支援教育に通じた教員が中心になることが望まれます。上地安昭名誉教授は，体罰撲滅のインタビューに[2]，「カウンセリングの勉強をした教師が，教育の一環として相談に乗る『教師カウンセラー』の制度化が望まれる」と答えています。

（2）ガイダンスカウンセラーへの期待

　学校における教育相談の充実を目指し，昭和41（1966）年には全国学校教育相談研究会が創設されました。翌年には日本相談学会（現日本カウンセリング学会），平成2（1990）年には日本学校教育相談学会等，教育相談関係の学会が次々に発足し，平成21（2009）年には志を同じくする学会が大同団結してスクールカウンセリング推進協議会が誕生しました。

　同会は現在「社団法人日本スクールカウンセリング協議会」として上述した2学会に加え，日本学校心理士会，日本キャリア教育学会，日本教育カウンセラー協会，日本教育カウンセリング学会，日本臨床発達心理士会の7団体で構成されています。

　同会の「設立趣旨」には，次のように述べられています。

　学校教育に役立つ「子どもたちの発達課題を解き，成長を援助するスクールカウンセリングを有効に機能させるために参加団体が協力する。発達課題とは，子どもたちの①学業，②人格形成，社会性，③進路，④健康面の発達を指す。すでに発生した問題に対する個別面接だけでなく，予防・開発的に，教室での集団指導や学校組織でのチーム対応，教師へのコンサルテーションなど多様な方法を用いて，学校教育の充実に資することをめざす」。

　同会に参加する団体はそれぞれ，教育相談に関する研修を積み，「人格的特性と知識・技術」[3]を身に付けた者の資格認定をしていますが，同会の統一資格としてガイダンスカウンセラーを認定しています。ガイ

ダンスカウンセラーには,学校教育相談組織の中心としての活躍とともに,スクールカウンセラーとしての大きな期待がかけられています。

現在,医療・保健,教育,福祉,司法・矯正等の諸領域における汎用性のある資格として,「公認心理師」の認定が始まりましたが,ガイダンスカウンセラーとしての力量をいかんなく発揮し,「教育育ち」のカウンセラーの役割を着実に果たしてほしいものです。

参考文献
1)文部省『生徒指導の手びき』1965年
2)上地安昭,「読売新聞」平成25(2013)年2月27日付
3)スクールカウンセリング推進協議会(編著)『ガイダンスカウンセラー入門』図書文化社,2011年

3 さらなる学校教育相談の充実に向けて

(1) 教育相談の基本姿勢の再確認

諸富は教師向けの自著[1]の中で,冒頭で「教師としての自分の哲学をもて」と述べています。

雑誌[2]の企画「私の座右の3冊」への投稿依頼を受けた時,私が迷わず選んだのは,『生徒指導の手びき』(文部省),『月刊生徒指導』(学事出版)と共に,『学校カウンセリングの基本問題』[3]でした。次の拙文がその時のものです。

「『子供の立場に立って心理的事実を理解し,大人の立場で指導・支援する』。今は自らの生徒指導の基本姿勢に迷いはない。しかし,生徒指導と教育相談に携わるなか,常に悩んでいたのが両者の関係であった。そんなとき,本書と出会い,確信と勇気をいただいた。『一期一会』の

感激を味わったが, 今なお, たびたびお会いしている」。
　これが哲学です。

(2)「心」(マインド) と「技」(スキル) のバランス

　学校教育相談の推進者となるためには, 教育相談の「心」と「技」をバランスよく身に付けることが大切です。
　「型より入りて型より出づる」と言われます。まずは先輩の模倣に始まり, 経験を積むうちに, 自分らしい取組ができる (型より出づる) ようになるのです。
　教育相談のすばらしい実績を積んでいる人は数多くいます。身近な「師」より貪欲に学んでほしいと思います。
　「ふだんは優しいが, 悪いことは真剣に叱ってくれた」。「心に残る教師」「忘れえぬ教師」について問われた人の多くがこう答えています。「真剣に向き合ってくれた (叱ってくれた)」。児童生徒が慕い懐かしむ教師が増えることを願います。

(3) 学校教育相談のリーダーとなるために

　いくつかの手法に長けることは教育相談の力量アップにつながります。しかし,「他の理論・技法は一切受け付けない」という頑な態度は, 学校教育相談の担い手としての適性を問われかねません。「役立ちそうなものは何でも使う」。そんな柔軟性がほしいものです。
　教育相談の実際に関しての情報に敏感である必要もあります。多くの方は, 教育相談の原点を「傾聴」に求めると思われますが, 傾聴・受容のプロセスの中で,「自分の思いを受け止めてもらえた」と感じてしまう事例の報告があります。司法面接の考え方の広がりもみられます。
　「聴く心」を基盤にしながらも,「訊く技」・「黙す力」を身に付ける必要を感じます。ブリーフセラピーやコーチングでは,「訊く技」が面談の成否を決します。学校教育相談のリーダーとしては,「聴く心」を磨

き,「訊く技」を極め,「黙す力」を高めることが求められます。

そして何よりも次の記述[4]を心に留めてほしいと願います。

「知識や教養をいかに豊かにもっていても,それでただちによい相談教師であるとはいわれない。なぜなら,相談教師は実践家でなければならないからである」。

(4) コーディネーター役としての役割

これからの学校教育相談の充実のためには,コーディネーター（調整役）の教師の存在が欠かせません。

コーディネーターには,次の6つの力量が必要です。頭文字をとると「CACCCO」（カッコウ）となります。心（マインド）豊かなカッコウを目指してください。

C：カウンセリング（聴く,訊く）

A：アセスメント（見立て）

C：コラボレーション（連携・協働）

C：コンサルテーション（助言・提供）

C：コンプライアンス（法的思考）

O：アウトリーチ（訪問支援）

参考文献

1) 諸富祥彦『図とイラストですぐわかる教師が使えるカウンセリングテクニック80』図書文化社,2014年
2) 『教職研修』2013年6月号,教育開発研究所
3) 國分康孝『学校カウンセリングの基本問題』誠信書房,1987年
4) 文部省『生徒指導の手びき』1965年

おわりに

　本文中でも何度か指摘させていただきましたが，教育相談力は「心」（マインド）と「技」（スキル）の総和です。学校教育相談と，「学校」が冠された場合は「心」が優ります。難解な理論・療法に長けた教員より，共に汗し，共に歓び，共に感じあえる（3つの「共かん」）教員の方が児童生徒との人間関係づくりに成功します。

　最近，指導の順序性についても考えさせられることが多くなりました。「客観的事実」の指導より「心理的事実」の受容が先です。「反省」を求めるより「責任」の取り方を考えさせることが効果的です。「プラス面」を指摘（肯定的理解）することなく，「マイナス面」を責め立てたのでは，児童生徒との溝は深まるばかりです。

　学級（ホームルーム）経営や生徒指導に悩む方の多くに，「指導の順序性」の過ちを感じます。「〇〇セラピー」や「〇〇心理学」に造詣の深い教員が指導に失敗するのは，「技」を過信するあまり，「目の前の子どもを大切にする」姿勢を忘れてしまうからではないでしょうか。

　本書でも，多くの理論・療法に触れていますが，それらをすべて修得しようとする意図はありません。「この部分は使えそうだ」。そう思ったことを「つまみ食い」すればよいのです。教員の多忙化が社会問題化する中，分厚い専門書と向き合うより，目の前の子どもに一声かける方がより現実的です。本書がそんな役割を果たすことができたら幸甚です。

　結びに，本書の誕生を温かく見守りいただいた学事出版の町田春菜さんに心より感謝申し上げます。

平成31年3月　嶋﨑　政男

◀ **著者プロフィール** ▶

嶋﨑 政男（しまざき・まさお）

1951年生まれ。神田外語大学客員教授。
東京都立大学心理学科卒業後，東京都公立中学校教諭，東久留米市教育委員会指導主事，都立教育研究所学校教育相談研究室指導主事，東京都杉並区立西宮中学校長，同杉並区立天沼中学校長，福生市教育委員会指導室長，立川市立立川第一中学校長，神田外語大学教授等を経て，平成29年度より現職。日本学校教育相談学会名誉会長。千葉県いじめ対策調査会会長。
『困った親への対応　こんなとき、どうする？』『担任の救急箱―担任の危機管理100場面　今すぐ、何をする？』(以上，ほんの森出版)，『学校崩壊と理不尽クレーム』(集英社)，『「脱いじめ」への処方箋』(ぎょうせい)，『保護者トラブル（映像で学ぶ校内研修教材 Vol.1）』『学校コンプライアンス（映像で学ぶ校内研修教材 Vol.2）』(監修・以上，学事出版)など著書多数。

新訂版　教育相談基礎の基礎

2019年4月15日　初版発行
2022年3月18日　初版第2刷発行

著　　者　嶋﨑　政男
発 行 者　安部　英行
発 行 所　学事出版株式会社
　　　　　〒101-0021　東京都千代田区外神田2-2-3
　　　　　電話 03-3255-5471
　　　　　https://www.gakuji.co.jp

編集担当　町田春菜
表紙デザイン　中村泰広
印刷・製本　電算印刷株式会社

落丁・乱丁本はお取替えします。©Masao Shimazaki,2019
ISBN978-4-7619-2548-2　C3037　Printed in Japan